정말 천국은 있습니다!

Originally published in the U.S.A
Under the title
A Divine Revelation of Heaven
Copyright © 1999 by Whitaker House,
30 Hunt Valley Circle, New Kensington, Pennsylvania 15068, USA

Korean Translation copyright © 1996 by Grace Publishing Company
178-94 Sungin-dong Jonglo-gu Seoul, Korea

이 책의 한국어판 저작권은 Whitaker House 와의
독점판권 계약에 의해 은혜출판사에 있습니다.
저작권법에 의하여 한국 내에서 보호받는 저작물이므로
무단전재와 무단복제를 금합니다.

정말 천국은 있습니다!

메어리 K. 백스터 지음 | 김유진 옮김

A DIVINE REVELATION OF
HEAVEN

하나님께
영광과
존귀와
찬양을 드립니다.

이 책을 성부 하나님,
성자 예수님,
그리고 성령님께 드립니다.

| 추천 |

　메어리 캐더린 백스터 여사의 책들을 읽을 때마다 글 속에서 영감이 넘치며 하나님의 거룩한 기름 부으심이 있음을 느낍니다.
　그녀는 글을 통하여 수많은 영혼들에게 축복과 은혜를 전달하고 있습니다. 하나님께서 그녀의 책들을 통하여 메시지들을 효과적으로 전달하고 있다고 생각합니다.

　매년마다 수백 개 교회를 돌아다니며 캐더린 여사는 간증 부흥회를 인도하고 있습니다. 그리고 그 간증들은 사람들의 요청에 의하여 이렇게 책으로 나오게 되었습니다.
　하나님께서는 그녀가 전에 쓴 책 「정말 지옥은 있습니다」를 통하여 잃어버린 영혼들을 주님께로 인도하는데 특별하게 쓰시고 있습니다.

　「정말 지옥은 있습니다」 책은 각 나라 말로 번역이 되어 전 세계의 많은 영혼들에게 은혜를 전해주고 있습니다. 그 팔린 책의 숫자는 이루 헤아릴 수 없을 정도입니다.
　분명히 이 책도 이전 책 못지 않게, 아니 그 보다 더 크게 많은 영혼들에게 충격과 은혜와 영혼들을 깨우는데 쓰여질 것으로 나는 믿고 확신합니다.

　수년간 메어리 캐더린 백스터 여사의 교회 담임 목사로서 그녀를 가까이 지켜보면서 전적으로 그녀의 사역을 지지하는 바입니다.
　그녀의 간증 사역을 통하여 많은 영혼들이 은혜를 받고 주님께로 나오는 것과 또, 이 책들이 많은 영혼들에게 읽혀지고 있다는 것은 하나님께서 그녀 사역에 함께 하시며 성령님의 기름 부으심이 있다는 증거입니다.
　이번에 나오는 「정말 천국은 있습니다」는 많은 사람들의 기도와 눈물과 수고로써 지원한 결과입니다.

　이 책이 더 많은 영혼들에게 배포되어서 믿지 않은 영혼들이 회개하고 예수님을 구세주로 영접하고 천국 시민으로서 천국에서 영원히 살 준비를 하게 만드는 귀한 책으로 쓰여지기를 진심으로 기도하는 바입니다.

T.L. Lowery, Ph.D

| 서문 |

    이 책은 제가 하나님과 함께 하며 체험한 것들을 기록한 사실입니다. 상상이나 공상에서 나온 과장되고 꾸며낸 이야기들이 아님을 분명히 밝혀둡니다.

    천국은 실존하는 세계입니다.
    제가 천국에서 보고 느낀 것을 이 책에 기록했습니다. 제가 천국의 모든 부분을 다 보고 온 것은 아닙니다. 천국 전체를 보려면 아마도 영원토록 보아야 할 것입니다. 또한 제가 천국에서 본 모든 것을 이곳에 다 기록하지는 않았습니다.

    사도 바울도 고린도후서 12장 1절부터 4절에서 셋째 하늘(천국)에 다녀온 것을 기록하고 있습니다. 하나님께서 전하라고 명령하신 메시지들을 이 책에 다 기록하여 여러분과 같이 은혜를 나누고자 합니다.

    이 책이 출판되기까지 수고와 격려와 도움을 아낌없이 주셨던 저희 담임 목사님이신 T.L. Lowery 박사님과 아름다운 Mildred 사모님께 특별한 감사를 드립니다.

또한 The National Church of God 직원 여러분과 편집을 위하여 수고해 주신 Marcus V. Hand 목사님께도 감사를 표하는 바입니다.

펜실베이니아주에 있는 휘터커 하우스 출판사를 통하여 「정말 지옥은 있습니다」 그리고 「정말 천국은 있습니다」 두 권 모두를 출판할 수 있도록 배려해 주신 출판사 사장님과 임직원 여러분들께도 감사를 드립니다.

그 누구보다도 나를 부르시고 증거할 메시지를 입에 담아 주신 하나님께 감사를 드립니다.

이 책을 읽으시는 여러분께도 깊은 감사를 전합니다.
God bless you!

메어리 캐더린 백스터

| 차례 |

추천 • 6
서문 • 8

chapter 1 천국 문으로 • 13
chapter 2 하나님의 보좌 • 39
chapter 3 과거, 현재 그리고 미래 • 57
chapter 4 천국의 보물창고들 • 75
chapter 5 천국의 질서 • 89
chapter 6 어린이들에게 일어나는 일 • 101
chapter 7 보좌에서의 경배 • 115
chapter 8 하늘나라 네 생물들 • 129
chapter 9 하늘나라에서의 영광 • 137
chapter 10 천사의 사역 • 153
chapter 11 하나님의 말씀 • 161
chapter 12 새로운 세계 • 175
chapter 13 그리스도의 재림 • 181
chapter 14 주님의 마지막 요청:준비하라! • 187

저자에 대하여 • 196
역자 후기 • 198

: 캐더린에게 보내는 예수님의 메시지 :

"내가 네게 보여 주고 들려준 것들을
이 세상 사람들에게 전하고
기록할 목적으로 너는 태어났느니라.
내 말은 신실하며 사실이니라.
천국과 지옥이 실존하는 것을
이 세상에 알리기 위하여
너는 부르심을 받았느니라.
나, 예수는 영혼들을 구원하고
그들이 천국에 거할 거처를 준비하기 위하여
아버지께로부터 보내심을 받았다는 것을
너는 이 세상에 알려야 한다."

1
천국 문으로…

　자비와 은혜가 풍부하신 하나님께서는 내가 그 아름다운 장소에 갈 수 있도록 허락하셨습니다. 그곳은 바로 천국이라고 불리워지는 장소입니다.
　언제 그곳에 들렸는지 그 시간에 대하여는 정확하게 기억나지 않습니다. 그러나 내 눈으로 보고 귀로 들은 내용을 거짓없이 사실대로 이곳에 기록하고자 합니다. 그 놀라운 천국을 이 비천하고 부족한 자에게 보여 주신 하나님의 은혜에 그저 감사할 뿐입니다.

　어느 날 저녁 주님이 내게 나타나셨습니다. 그리고 내게 해야할 일이 있다고 말씀하셨습니다.

"나의 사랑하는 딸아, 사람들을 어둠에서 빛 가운데로 인도하기 위하여 너에게 나를 나타내노라. 내가 보여 주고 들려주는 것들을 너는 글로 기록하여 사람들에게 알려야 하느니라."

이 음성을 들은 나는 마음 속 깊이 하나님께 나의 전부를 드리기로 결심하였습니다. 이런 마음을 갖자마자 놀라운 일이 내게 일어나기 시작했습니다. 앉아 있는 자리에서 내 몸이 들려지며 움직이기 시작하더니 순식간에 지옥으로 옮겨졌습니다.

지옥에서도 이 땅에서 가졌던 오감을 선명하게 가지고 있었습니다. 보고, 느끼고, 듣고, 냄새 맡고, 맛을 볼 수가 있었습니다. 지구 상에서 상상할 수 없는 일들이 지옥에서 일어나고 있었습니다. 내가 지옥에서 보았던 것과 들었던 것들로 받은 충격은 견디기가 너무 어려웠습니다. 그곳은 주님의 명령이 아니었더라면 절대로 가고 싶지 않은 장소였습니다.

지옥을 갔다온 후, 나는 실의에 빠졌습니다. 지옥을 다녀온 후유증으로 나의 마음은 항상 괴로웠습니다. 지옥에서 보았던 공포들로 인하여 내 마음은 너무 슬프고 비통하며 무서웠습니다. 회개하지 않고 지옥에 가는 영혼들을 기다리고 있는 하나님의 심판이 얼마나 무서운 것인가를 내 눈으로 똑똑히 보았기 때문입니다. 이로 인하여 나는 더욱 간절하게 영혼들이 예수님을 영접하길 기도하게 되었고 믿지 않는 영혼들을 향한 하나님의 긍휼을 더욱 간구하게 되었습니다.

지옥을 가기 시작한지 31일째 되던 날 밤, 전능하신 하나님의 권능이 내게 다시 임하였습니다. 그때는 새벽 2시였으며 힘 있게 보이는 천사가 내 침대 곁에 서 있었습니다. 예수님은 그 천사 뒤에 서 계셨습니다. 예수님의 얼굴을 보았을 때 주님은 나를 향하여 빙그레 미소를 지으시며 바라보셨습니다. 그러나 아무 말씀도 하지 않으셨습니다. 대신에 하나님의 천사가 내게 이야기했습니다.

"나는 하나님으로부터 특별한 사명을 받고 이곳에 왔습니다. 당신을 데리고 천국에 올라가 천국의 일부분을 당신에게 보여 주는 것입니다. 자, 같이 가서 하나님의 영광을 봅시다."

말을 마치자 우리는 천국을 향하여 상상할 수 없는 속도로 움직이고 있는 것을 알았습니다. 우리는 순식간에 천국 문들 중 한 문 앞에 이르렀습니다. 천국 문에는 문을 지키는 천사들이 있었습니다.

천국에 도착하여 주변을 둘러 본 나는 입을 다물 수가 없었습니다. 그 아름다움 때문에 숨이 찼습니다. 천사들이 입고 있는 옷에서 밝은 빛이 발산되어 환하게 빛을 발하고 있었습니다. 천사들은 삼각형 모양의 날개들을 등에 달고 있었으며 그 날개로부터 오색찬란한 무지개 빛이 반짝거렸습니다. 곳곳에서 하나님의 아름다우심을 느낄 수가 있었습니다.

천사들은 쉬지 않고 계속하여 입술로써 찬양 드리며 하나님께 영광을 돌렸습니다.

"하나님의 영광을 보라!"

앞에 있는 천국 문은 너무나 컸으며 화려하게 반짝이고 있었습니다. 문은 진주로 만들어져 있는 것 같았습니다. 조심스럽게 이 모습들을 바라보며 내 마음은 천국의 영광으로 벌써 가득차 있었습니다.

천국을 들어가며

우리가 천국에 도착했을 때 천국 문 앞에는 금빛 머리에 빛나는 옷을 입은 두 명의 천사가 칼을 들고 있었습니다. 천사들의 얼굴에서는 광채가 났습니다. 나와 동행하던 천사가 문을 지키고 있는 두 명의 천사들에게 말을 건넸습니다. 나는 혼자서 천국 문을 바라보며 감탄하지 않을 수 없었습니다.

'오, 이 얼마나 아름다운 천국의 입구인가! 내가 지금 이 자리에 서서 천국 문을 바라볼 수 있다니!'

이런 생각을 하고 있는 중에 천천히 내 몸이 천국 문쪽으로 가까이 이동하고 있었습니다. 나는 천사들이 서로 대화하는 것을 들을 수가 있었습니다. 그들 중 한 천사가 천국 안으로 들어가더니 작은 책 한 권을 가지고 나왔습니다.

책의 표지는 금으로 되어 있었고 속 페이지도 금으로 되어 있었습니다. 내 인생의 일대기를 기록해 놓은 책이었으며 책의 겉표지에는 나의 이름이 크게 적혀져 있었습니다.

'메어리 캐더린 백스터'

책을 들여다 본 천사는 천국 입장을 허락하는 듯한 미소를 지었습니다.

문을 지키는 천사들끼리 서로 쳐다보더니 허락하였습니다.
"그녀는 천국 안으로 들어갈 수 있습니다."

나와 동행하던 천사가 나를 데리고 큰 천국 문을 통과하여 안으로 들어갔습니다.

천국 안으로 들어가자마자 갑자기 사방에서 아름다운 음악소리가 들려왔습니다. 천국 전체가 음악으로 가득차 있는 것 같았습니다. 내 옆에서, 아래에서, 위에서, 사방에서 음악소리가 들려왔습니다. 그 음악 소리들이 몸 속을 파고 들어오는 것 같았습니다. 아름다운 음악 소리가 들리고 그 다음엔, 더 아름다운 음악 소리가 들려왔습니다. 밀물이 해변가로 밀려오듯이 아름다운 찬양의 소리가 파도처럼 내게로 밀려들어 왔습니다. 안개가 나무들을 지나가듯이 찬양이 천국에 있는 모든 것들을 덮고 지나가는 것 같았습니다.

천국 성문 안으로 들어갔을 때 나는 다시 한 번 놀라지 않을 수 없었습니다. 누가 이 경치를 말로 표현할 수 있단 말입니까? 천국의 아름다움에 나는 숨을 제대로 쉴 수가 없었습니다.

내 주변에는 세상에서 한 번도 본 적이 없는 오색찬란한 꽃들이 진열되어 있었고 구석구석마다 푸른 나무들과 식물들이 조화를 이루며 심어져 있었습니다. 오색찬란한 꽃들은 마치 살아 있는 것처럼 음악 소리에 맞추어 춤을 추는 것 같았습니다. 음악은 나를 소용돌이 치듯이 감싸며 올라가는 것 같았고 나는 음악에 완전히 도취되고 말았습니다. 이 장면을 어떻게 글로 표현할 수 있을지 이 감격을 어떻게 다른 이들과 나눌 수 있을지 걱정이 되었습니다.

천국에서 천국 시민들을 만날 수가 있었고 그들은 하얀색 원피스를 입고 있었습니다. 하나님의 말씀 하나가 문득 떠올랐습니다.

> 내가 여호와로 말미암아 크게 기뻐하며 내 영혼이 나의 하나님으로 말미암아 즐거워하리니 이는 그가 구원의 옷을 내게 입히시며 공의의 겉옷을 내게 더하심이 신랑이 사모를 쓰며 신부가 자기 보석으로 단장함 같게 하셨음이라 (사 61:10)

행복과 기쁨이 흘러 넘치는 그들의 얼굴에서 '과연 이곳이 천국이구나.' 하는 생각이 들었습니다. 천국은 실존하는 장소입니다. 어떤 이의 상상 속에서 나오는 곳이 아닙니다. 천국에 대하여 예수님께서 직접 말씀하고 계십니다.

> 너희는 마음에 근심하지 말라 하나님을 믿으니 또 나를 믿으라 내 아버지 집에 거할 곳이 많도다 그렇지 않으면 너희에게 일렀으리라 내가 너희를 위하여 거처를 예비하러 가노니 (요 14:1-2)

천국은 믿는 자들을 위하여 주님이 예비하신 장소입니다. 우리는 예수님을 믿고 구원을 받았으며 또한 하나님의 자녀가 되었습니다. 주 안에서 새롭게 지으심을 받은 새 피조물이 되었습니다. 예수님의 말씀과 성령님의 인도하심으로 우리는 거듭나게 되었습니다.

우리 구주 예수 그리스도는 우리를 위하여 우리의 거처를 준비하고 계십니다. 영원토록 살 그 아름다운 곳을 알아 가는 것이 얼마나 흥미로운지요!

천국은 완벽한 장소입니다. 왜냐하면 우리 주님이 완벽하시기 때문입니다. 우리 주님이 전능자이시기에 천국엔 실수가 없습니다. 영원토록 살 우리의 거처를 예비하시는 분이 전능하신 우리 주님이시기에 어느 누구도 천국을 망치거나 침범할 수 없습니다. 그 누구도 우리의 거처를 못쓰게 만들거나 더럽힐 수 없습니다.

> 무엇이든지 속된 것이나 가증한 일 또는 거짓말하는 자는 결코 그리로 들어가지 못하되 오직 어린 양의 생명책에 기록된 자들만 들어가리라 (계 21:27)

죄인이나 죄가 천국을 파고 들어올 수 없습니다. 사탄은 결단코 천국 영역을 침범해 들어올 수 없습니다(계 12:3-4, 7-10, 12-13).

> 하늘에 또 다른 이적이 보이니 보라 한 큰 붉은 용이 있어 머리가 일곱이요 뿔이 열이라 그 여러 머리에 일곱 왕관이 있는데 그 꼬리가 하늘의 별 삼분의 일을 끌어다가 땅에 던지더라 용이 해산하려는 여자 앞에서 그가 해산하면 그 아이를 삼키고자 하더니
>
> (계 12:3-4)

> 하늘에 전쟁이 있으니 미가엘과 그의 사자들이 용과 더불어 싸울새 용과 그의 사자들도 싸우나 이기지 못하여 다시 하늘에서 그들이 있을 곳을 얻지 못한지라 큰 용이 내쫓기니 옛 뱀 곧 마귀라고도 하고 사탄이라고도 하며 온 천하를 꾀는 자라 그가 땅으로 내쫓기니 그의 사자들도 그와 함께 내쫓기니라 내가 또 들으니 하늘에 큰 음성이 있어 이르되 이제 우리 하나님의 구원과 능력과 나

라와 또 그의 그리스도의 권세가 나타났으니 우리 형제들을 참소
하던 자 곧 우리 하나님 앞에서 밤낮 참소하던 자가 쫓겨났고

(계 12:7-10)

그러므로 하늘과 그 가운데에 거하는 자들은 즐거워하라 그러나
땅과 바다는 화 있을진저 이는 마귀가 자기의 때가 얼마 남지 않
은 줄을 알므로 크게 분내어 너희에게 내려갔음이라 하더라 용이
자기가 땅으로 내쫓긴 것을 보고 남자를 낳은 여자를 박해하는지
라 (계 12:12-13)

사탄과 그의 추종자들은 결코 순수하고 거룩한 분위기인 천국에서 얼굴을 들 수 없을 것입니다. 귀신들도 천국에 들어올 수 없습니다. 자기 지위를 지키지 아니하고 자기 처소를 떠난 천사들은(유 1:6) 결코 다시 천국으로 들어올 수 없습니다.

천국은 부족한 것이 없습니다. 천국에서는 환경을 깨끗하게 만들기 위한 어떤 지침서 같은 것도 내려오지 않습니다. 여러분이 지구상에서 어느 곳을 가더라도, 아무리 좋고 비싼 집에서 살더라도 그곳은 완벽한 곳이 아닙니다. 고쳐야 될 곳이 있고 손 봐야 할 곳이 있습니다. 그러나 천국은 그 자체로 완벽하게 하나님에 의하여 만들어졌습니다. 다시 손을 대거나 고쳐야 할 곳이 없습니다.

천국의 영광과 아름다움, 그 경이로운 것들을 글로 표현한다는 것은 거의 불가능한 것 같습니다. 이 아름다운 장소를 지금 내가 보고 있다는 것이 믿어지지 않았습니다. 하나님의 아들에게서 나오는 빛의 광채가 벽옥 보석에서 반사되고 진주문과 대저택들과 생명수의 강에서 서로 반사되어 천국을 아름답고 더욱 환하게 만들고 있었습니다. 생명수의 강이 어찌 아름다운지 과연 저 아름다움을 한 폭의 그림에 담을 수 있는 예술가는 있을 것 같지 않았습니다.

구속 받은 영혼들의 집

천국은 영원한 장소입니다. 그 어느 누구도 하나님의 파라다이스를 정복할 수 없습니다.

천국에 있는 건물은 금이 가거나 쇠퇴하지 않습니다. 천국에 있는 식물들은 죽거나 시들지도 않습니다. 거룩한 천국의 대기를 오염시킬 연기나 방사선 물질도 없습니다. 우리가 거할 이 거처는 영원하며 결코 사라지지 않습니다.

천국에는 실망과 좌절이 없습니다. 병이나 슬픔, 재앙이 없는 곳입니다. 더 이상 괴로움과 비통함이 존재하지 않습니다. 눈물도 없고 고통도 없는 곳이 우리의 천국입니다.

> 모든 눈물을 그 눈에서 닦아 주시니 다시는 사망이 없고 애통하는 것이나 곡하는 것이나 아픈 것이 다시 있지 아니하리니 처음 것들이 다 지나갔음이러라 (계 21:4)

기쁨과 즐거움으로 가득찬 천국 시민들은 여러 나이 층으로 구성되어 있었으며 세계 도처에서 온 것 같았습니다. 그들의 피부색이 다른 것으로 보아 출신지가 각자 다른 것 같았습니다. 문득 요한계시록 5장 9절이 떠올랐습니다.

> 새 노래를 불러 이르되 두루마리를 가지시고 그 인봉을 떼기에 합당하시도다 일찍이 죽임을 당하사 각 족속과 방언과 백성과 나라 가운데에서 사람들을 피로 사서 하나님께 드리시고 (계 5:9)

찬양하는 일

천국에 있는 내 영혼은 너무나 좋아서 하나님의 위대하심을 찬양하고 있었습니다. 내가 지옥에 갔을 때 느꼈던 슬픔들과 고통은 완전히 사라졌습니다.

한 가족 전체가 구원 받아 천국에 와 있는 것을 보았는데 그 가족들은 너무나 행복해 보였습니다. 움직일 때도 다같이, 어디를 갈 때에도 함께 하였습니다. 그들의 얼굴에서 하나님의 은혜의 광채가 발산되고 있었습니다.

　천국에 있는 성도들은 한가로이 놀고 있는 사람들은 없었으며 계속해서 바빠 움직이고 있었습니다. 대부분 하나님을 찬양하거나 하나님을 높이는 일을 하며 그들의 입에서는 찬양이 끊임없이 흘러나왔습니다. 천국의 분위기는 찬양으로 가득차 있는 곳 같았습니다.

　누군가가 천국은 영원토록 쉬며 즐기는 곳이라고 했는데 그것은 잘못된 것입니다. 구름 위를 떠다닌다거나 하프를 연주한다던가 생명수 강에서 발로 물장구를 치는 일, 그 이상의 일을 우리는 하게 될 것입니다. 우리의 시간은 하나님을 섬기는 일에만 쓰여지게 될 것입니다. 하나님을 섬기는 일들이 어떤 것인지 구체적으로 말할 순 없지만 한가지 확실한 것은 그의 백성들이 하나님을 섬기며 기뻐하며 즐거워 한다는 것입니다.

영혼 전도에 대한 다이아몬드

　너무나 눈이 부시도록 아름다운 다이아몬드를 여기저기에서 보았습니다. 어떤 것은 벽돌만큼 큰 것도 있었습니다. 이 다이아몬드들은 이 땅에서 영혼들을 주님께로 인도한 자들을 위해 준비된 것들이었습니다. 한 영혼을 인도할 때마다 천국에서는 그 사람의 집에 다이아몬드가 한 개씩 추가되어 졌습니다.

> 의인의 열매는 생명 나무라 지혜로운 자는 사람을 얻느니라
> (잠 11:30)

> 지혜 있는 자는 궁창의 빛과 같이 빛날 것이요 많은 사람을 옳은 데로 돌아오게 한 자는 별과 같이 영원토록 빛나리라 (단 12:3)

천국에 취해 있는 나에게 큰 천사 하나가 금으로 된 책을 들고 왔습니다. 그리고 은으로 된 가느다란 테이블 위에 그 책을 놓았습니다. 테이블 표면은 계란 모양으로 되어 있었으며 영롱한 빛으로 반짝거렸습니다. 책 위에 이름들이 적혀 있었는데 주위에 있던 성도님 중 한 분이 이런 말을 했습니다.

"예수님은 건축의 마스터이십니다. 이 다이아몬드들이 어디로 가며 누구에게 가는 가를 결정하십니다. 제가 지금 들고 있는 이 책은 전도한 사람들을 기록한 책입니다. 영혼들을 예수님께로 인도하며 가난한 자들을 먹이고 헐벗은 자들에게 옷을 입히고 주님을 위하여 일을 한 사람들의 행적을 적은 보고서입니다."

인자가 자기 영광으로 모든 천사와 함께 올 때에 자기 영광의 보좌에 앉으리니 모든 민족을 그 앞에 모으고 각각 구분하기를 목자가 양과 염소를 구분하는 것 같이 하여 양은 그 오른편에 염소는 왼편에 두리라 그 때에 임금이 그 오른편에 있는 자들에게 이르시되 내 아버지께 복 받을 자들이여 나아와 창세로부터 너희를 위하여 예비된 나라를 상속받으라 내가 주릴 때에 너희가 먹을 것을 주었고 목마를 때에 마시게 하였고 나그네 되었을 때에 영접하였고 헐벗었을 때에 옷을 입혔고 병들었을 때에 돌보았고 옥에 갇혔을 때에 와서 보았느니라 이에 의인들이 대답하여 이르되 주여 우리가 어느 때에 주께서 주리신 것을 보고 음식을 대접하였으며 목마르신 것을 보고 마시게 하였나이까 어느 때에 나그네 되신 것을 보고 영접하였으며 헐벗으신 것을 보고 옷 입혔나이까 어느 때에 병드신 것이나 옥에 갇히신 것을 보고 가서 뵈었나이까 하리니 임금이 대답하여 이르시되 내가 진실로 너희에게 이르노니 너희가 여기 내 형제 중에 지극히 작은 자 하나에게 한 것이 곧 내게 한 것이니라 하시고 또 왼편에 있는 자들에게 이르시되 저주를 받은 자들아 나를 떠나 마귀와 그 사자들을 위하여 예비된 영원한 불에 들어가라 (마 25:31-41)

그들은 영벌에, 의인들은 영생에 들어가리라 하시니라 (마 25:46)

모든 사람을 위한 공간

천사는 계속해서 반복해 말했습니다.
"와 보라! 하나님의 영광을"
우리의 소망은 천국에서 주님과 함께 영원토록 거하는 것입니다. 천국은 꿈이 성취되는 나라입니다. 우리의 수고와 일을 다 마친 후에 이 지구를 떠나 천국을 갈 것이라는 생각에 흥분이 되기도 합니다. 하나님이 계신 곳 그분을 사랑하는 자들을 위하여 예수님께서 거처를 예비하고 계신 곳입니다.

완전한 교제

하나님과 인간 사이에 깨졌던 관계가 다시 완벽하게 회복되어지는 곳이 천국입니다.
아담과 하와가 에덴 동산에 있을 때 하나님께서 그들을 만나러 에덴 동산에 들리시곤 했습니다. 그러나 이들의 불순종과 죄로 말미암아 하나님과의 교제가 깨졌습니다. 그 후에도 하나님은 인류와 교제가 지속되기를 바라셨습니다. 그래서 인류에게 최고의 사랑에 대한 표현으로 그의 하나뿐인 독생자 예수를 십자가 상의 죽음에 우리를 구원하시기 위해 내어 주셨습니다.

예수 그리스도의 죽으심과 부활하심으로 하나님과 인간 사이의 교제가 다시 회복되었습니다. 이 땅에선 때로 하나님과의 교제가 방해 받을 수 있습니다. 그러나 천국에 가면 우리 교제를 방해할 수 있는 것은 아무 것도 없습니다. 왕 중에 왕이시며 주 중에 주가 되시는 하나님과의 완벽한 교제가 이루어질 것입니다.

천국은 하나님이 거하시는 곳입니다. 천국은 우주 안에 있는 어떤 혹성이 아닙니다. 천국은 태양계를 벗어나 은하계를 통과한 그 위에 있습니다.

'거룩한 백성(사 62:12)' 이라 일컬음 받은 자들이 모여 사는 곳이 천국입니다. 예수 그리스도를 믿는 믿음으로 거듭난 하나님의 자녀들의 최후의 도착지가 되는 곳입니다. 그 많은 사람들이 다 천국에 가면 천국은 북적거려서 너무 복잡하지 않을까 하고 걱정하는 분도 계실 것입니다. 그러나 예수님께서 말씀하시기를 너희 거할 거처를 예비하기 위하여 아버지 집으로 가신다고 하였습니다. 천국에는 구원 받은 자녀들을 위한 방과 집과 거할 거처가 얼마든지 있습니다.

> 너희는 마음에 근심하지 말라 하나님을 믿으니 또 나를 믿으라 내 아버지 집에 거할 곳이 많도다 그렇지 않으면 너희에게 일렀으리라 내가 너희를 위하여 거처를 예비하러 가노니 가서 너희를 위하여 거처를 예비하면 내가 다시 와서 너희를 내게로 영접하여 나

있는 곳에 너희도 있게 하리라 내가 어디로 가는지 그 길을 너희
가 아느니라 (요 14:1-4)

천국은 모든 이들을 수용할 만한 충분한 여유와 공간이
준비되어 있습니다.

이 일 후에 내가 보니 각 나라와 족속과 백성과 방언에서 아무도
능히 셀 수 없는 큰 무리가 나와 흰 옷을 입고 손에 종려 가지를
들고 보좌 앞과 어린 양 앞에 서서 큰 소리로 외쳐 이르되 구원하
심이 보좌에 앉으신 우리 하나님과 어린 양에게 있도다 하니 모든
천사가 보좌와 장로들과 네 생물의 주위에 서 있다가 보좌 앞에
엎드려 얼굴을 대고 하나님께 경배하여 (계 7:9-11)

천국에서의 눈물

천사가 나를 인도하다가 어느 한 지점에서 멈춰 말하였습
니다.
"당신에게 눈물의 방이라는 곳을 보여 드리겠습니다."
아마도 여러분은 시편을 읽을 때마다 눈물에 대하여 하나
님께서 우리를 어떻게 대하시는지 여러 번 읽어보았을 것입
니다. 천사들이 우리 눈물을 모아서 병에 담습니다(시 56:8).

나는 이 부분이 무엇을 의미하는 것인지 여러 번 의아해 한 적이 있습니다.

아마도 이 책을 읽으시는 여러분 중에도 아내나 남편 또는 자녀와 그밖의 사랑하는 가족으로 인하여 눈물을 흘려본 적이 있을 것입니다. 특히 이혼이나 잠깐 동안 떨어져 있어야 하는 경험이 있으신 분들은 그 쓰라림을 결코 잊지 못할 것입니다. 아마도 그 슬픔으로 인하여 하염없는 눈물로 세월을 보낼 수도 있습니다.

하나님께서 제게 보여 주신 곳은 눈물의 방이었습니다. 천사는 나를 커다란 입구가 있는 곳으로 데리고 갔습니다. 안을 들여다보니 그리 크지 않은 공간이었지만 방에서 흘러나오는 빛 속엔 하나님의 권능이 숨어 있었고 나의 시선을 사로 잡았습니다.

벽에는 수정으로 된 여러 개의 선반이 책꽂이와 같이 가지런한 모습으로 진열되어 있었고 벽 안에서 빛이 밖으로 발산되고 있었습니다. 수정으로 된 책꽂이 선반 위에는 여러 개의 눈물 병들이 놓여 있었고 병이 3개씩 짝을 이루어 진열되어 있는 것도 보였습니다. 눈물 병 밑에는 투명한 접시가 있었고 거기엔 눈물의 주인되는 사람의 이름이 새겨져 있었습니다.

방 안을 들여다보니 유난히 밝은 빛이 발산되는 사람이

있었습니다. 그는 짙은 자주빛 색깔의 긴 옷을 입고 있었으며 매우 아름다워 보였습니다.

방 안에 테이블이 놓여 있었는데 매우 고급스러운 느낌이 들며 위엄있게 보였습니다. 테이블 위에는 책들이 놓여 있었습니다. 책들은 아름다운 실크로 재봉질되어 있었습니다. 책들 위에는 다이아몬드나 진주, 아니면 장식용 레이스 끈이 얹혀 있었습니다. 어떤 책들 위에는 녹색 아니면 자주색 돌들이 올려져 있기도 했습니다. 그 책들은 아주 정교하게 장식되어 있었습니다.

"오, 하나님 이 얼마나 아름다운 책들인지요!"

나는 책을 좋아합니다. 특히 천국에 있는 책들은 더욱 좋았습니다. 나는 이렇게 아름다운 책들을 본 적이 없었습니다. 이때 방에 있던 사람이 내게 말을 했습니다.

"자, 이리 와 보십시오. 당신에게 이 방을 보여 드리며 병에 든 눈물들에 대하여 설명하고 싶습니다. 이러한 방들은 아주 많이 있습니다. 나는 이 방을 담당하고 있는 방 담당 천사입니다."

방 담당 천사가 말을 하고 있을 때 큰 천사가 입구를 통해 들어왔습니다. 위엄있고 아름다운 이 하늘나라 피조물의 존재는 나를 놀라게 했습니다.

이 천사는 하얀 색깔에 빛이 나는 긴 옷을 입고 있었으며 옷 가장자리를 따라 금으로 수가 놓여져 있었습니다. 키는

3.6m정도 돼 보였으며 매우 큰 날개를 가지고 있었습니다. 그 천사는 손에 조그마한 금 대접을 하나 들고 있었으며 그 금 대접 안에는 물 같은 것이 들어있었습니다(계 5:8).

방을 담당하는 천사가 말했습니다.

"지금 방금 지구상에서 가져온 눈물의 대접이랍니다. 이 눈물의 대접을 가지고 우리가 무엇을 하는지 보여 드리겠습니다."

큰 천사는 방 담당 천사에게 눈물의 대접과 아울러 조그마한 쪽지를 건네 주었습니다. 그 쪽지에는 이 눈물의 주인 이름이 적혀 있었습니다. 방 담당 천사는 쪽지를 읽고는 주인공의 눈물 병이 어디에 있는지 책꽂이를 찾기 시작했습니다. 병 밑에 이름이 적힌 접시들을 확인하고는 눈물의 주인 병에 지구에서 바로 올라온 눈물을 그 병에 따랐습니다.

방 담담 천사는 말했습니다.

"가서 지구상에 있는 모든 이에게 이 눈물의 병들에 대하여 말해 주십시요. 자 여기를 보십시요."

테이블 위에 진열되어 있는 책들 중 한 권을 뽑아서 열었습니다. 책 안에는 아무 것도 적혀있지 않았습니다. 방 담담 천사가 눈물의 병을 열고는 한 방울을 책 위에 떨어뜨리니 글씨가 나타났습니다. 매우 아름다운 글씨체와 단어가 눈물 한 방울 한 방울 떨어질 때마다 한 페이지씩 나타나기 시작했습니다. 그리고 내게 말했습니다.

"가장 온전한 기도는 우리 영혼 가장 깊은 곳에서 우러나오는 기도이며, 그리고 눈물을 동반하여 심령을 울리는 기도입니다."

나를 안내하던 무지개 색깔의 날개를 가진 천사가 재촉하였습니다.
"자, 이제 하나님의 영광을 보러 갑시다."

하나님께서 책을 여시다

우리는 수만 명의 사람들이 모여 있는 장소로 순간적으로 이동하였습니다. 너무나 아름답고 큰 장소였습니다. 잠시 후에 우리들은 모인 이 무리들에게서 점점 더 멀어져 갔습니다.

하나님의 영광의 광채가 사방에서 나타나기 시작했습니다. 하나님을 찬양하는 소리가 천둥 치듯 들려오기 시작했습니다. 나를 안내하는 천사는 하나님의 보좌가 있는 곳으로 나를 인도하였습니다. 나는 그곳에서 구름과 안개를 보았으며 구름 속에 어떤 분이 계신 것을 보았습니다. 나는 그분이 하나님이신 것을 알았으나 그분의 얼굴은 볼 수 없었습니다. 보좌 위에는 하나님의 영광과 그 위로 무지개가 걸쳐 있었습니다. 그분의 음성이 들렸습니다. 하나님의 음성을 들은 사도 요한이 계시록에서 제일 잘 표현하고 있는 것 같습니다.

> 내가 하늘에서 나는 소리를 들으니 많은 물 소리와도 같고 큰 우렛소리와도 같은데 내가 들은 소리는 거문고 타는 자들이 그 거문고를 타는 것 같더라 (계 14:2)

보좌를 중심으로 큰 광장이 축구장만한 크기로 펼쳐져 있었고 그 주위로 이십사 장로들이 앉아 있었습니다. 보좌 옆에는 말을 탄 자들이 있었습니다. 보좌 앞에는 큰 테이블 같은 제단이 있었고 그 위에는 책 한 권이 놓여 있었습니다. 또한 머리를 숙이고 앉아있는 천사들이 있었습니다.

사람의 손 같은 것이 구름 속에서 나오더니 그 책을 폈습니다. 순간 나는 그 손이 하나님의 손인 것을 알 수 있었습니다. 책을 펴자마자 연기 같은 것이 책에서 올라오더니 보좌 주위를 아름다운 냄새로 가득 채웠습니다. 이루 말로 표현할 수 없는 향기로운 냄새였습니다. 천사가 내게 이르기를 이 향내는 성도들의 기도라고 하였으며 날마다 눈물로 울부짖는 성도들의 기도에 응답하시기 위하여 하나님께서는 천사들을 보내신다고 하였습니다.

모든 이들이 하나님을 찬양하며 높이고 있었습니다.

하나님께서 책을 펴시자 책에서 수많은 페이지가 떨어져 나오더니 말을 탄 천사들의 손으로 날아갔습니다. 그리고 나서 하나님의 큰 천둥소리와 같은 음성이 있으셨습니다.

"가서 그녀의 기도에 응답하여라! 가서 그의 기도에 응답을 주어라!"

> 나의 유리함을 주께서 계수하셨사오니 나의 눈물을 주의 병에 담으소서 이것이 주의 책에 기록되지 아니하였나이까 내가 아뢰는 날에 내 원수들이 물러가리니 이것으로 하나님이 내 편이심을 내가 아나이다 내가 하나님을 의지하여 그의 말씀을 찬송하며 여호와를 의지하여 그의 말씀을 찬송하리이다 내가 하나님을 의지하였은즉 두려워하지 아니하리니 사람이 내게 어찌하리이까
>
> (시 56:8-11)

우리가 이 땅에서 흘리는 눈물을 하나님께서는 천국에서 이렇게 담아 두시고 보관하고 계십니다.

하나님의 하시는 일들이 얼마나 아름다운지요! 하나님께 긍휼히 여김을 받는 것이 얼마나 놀라운 축복인지요! 그는 우리의 눈물까지도 관심을 기울여 주시는 좋으신 하나님이십니다.

성경에서 눈물과 슬픔에 관하여 기록된 구절들을 많이 볼 수 있습니다. 또한 우리를 향하신 하나님의 위로를 읽을 수 있습니다. 다음 구절들을 읽어 보시고 즐거워하시기 바랍니다.

너는 돌아가서 내 백성의 주권자 히스기야에게 이르기를 왕의 조상 다윗의 하나님 여호와의 말씀이 내가 네 기도를 들었고 네 눈물을 보았노라 내가 너를 낫게 하리니 네가 삼 일 만에 여호와의 성전에 올라가겠고 (왕하 20:5)

내가 탄식함으로 피곤하여 밤마다 눈물로 내 침상을 띄우며 내 요를 적시나이다 내 눈이 근심으로 말미암아 쇠하며 내 모든 대적으로 말미암아 어두워졌나이다 악을 행하는 너희는 다 나를 떠나라 여호와께서 내 울음 소리를 들으셨도다 여호와께서 내 간구를 들으셨음이여 여호와께서 내 기도를 받으시리로다 (시 6:6-9)

주께서 내 영혼을 사망에서, 내 눈을 눈물에서, 내 발을 넘어짐에서 건지셨나이다 (시 116:8)

눈물을 흘리며 씨를 뿌리는 자는 기쁨으로 거두리로다 울며 씨를 뿌리러 나가는 자는 반드시 기쁨으로 그 곡식 단을 가지고 돌아오리로다 (시 126:5-6)

주 여호와께서 모든 얼굴에서 눈물을 씻기시며 자기 백성의 수치를 온 천하에서 제하시리라 여호와께서 이같이 말씀하셨느니라

(사 25:8)

여호와께서 이와 같이 말씀하시니라 네 울음 소리와 네 눈물을 멈추어라 네 일에 삯을 받을 것인즉 그들이 그의 대적의 땅에서 돌아오리라 여호와의 말씀이니라 (렘 31:16)

이는 보좌 가운데에 계신 어린 양이 그들의 목자가 되사 생명수 샘으로 인도하시고 하나님께서 그들의 눈에서 모든 눈물을 씻어 주실 것임이라 (계 7:17)

모든 눈물을 그 눈에서 닦아 주시니 다시는 사망이 없고 애통하는 것이나 곡하는 것이나 아픈 것이 다시 있지 아니하리니 처음 것들이 다 지나갔음이러라 (계 21:4)

여호와의 속량함을 받은 자들이 돌아오되 노래하며 시온에 이르러 그들의 머리 위에 영영한 희락을 띠고 기쁨과 즐거움을 얻으리니 슬픔과 탄식이 사라지리로다 (사 35:10)

하나님께 영광을!

천국은 가상현실이 아니라 실존하는 세계입니다.
궁극적으로 모든 믿는 자들이 가는 장소입니다. 천국은 구름 위를 떠다니는 연기와 같이 뜬구름 잡는 것이 아닙니다. 가장 놀라운 사실은 성경말씀과 같이 이 땅에서의 슬픔과 눈물이 천국에 가서는 영원한 기쁨으로 대체되어진다는 사실입니다.

천국에는 우리가 이 땅에서 상상할 수 없었던 놀라운 일들로 가득차 있습니다. 소망을 가지시기 바랍니다.

2 하나님의 보좌

천국은 실제로 존재하는 장소입니다.

허황된 꿈 이야기나 상상 속에서 나온 이야기가 아닙니다. 하나님께서는 이런 천국의 실제 모습을 성경 여러 곳을 통하여 우리에게 말씀해 주셨습니다.

첫째 하늘(Sky, 대기권)

하늘은 세 가지로 구성되어 있습니다. 첫째 하늘(대기권), 둘째 하늘(우주), 셋째 하늘(우주 밖)로 구성되어 있습니다.

첫째 하늘이란 새가 날아다니고 비행기가 날아다니는 우

리가 숨을 쉴 수 있는 공기가 있는 대기권(Atmospheric heaven, 또는 Sky)을 이야기합니다.

여기에는 바람이 있고 비, 폭풍우, 이슬, 안개, 구름 등이 있습니다. 첫째 하늘이라고 불리우는 이 장소는 사도행전 1장 11절에 잘 설명되어 있습니다. 예수님이 하늘로 승천하실 때 구름 속으로 사라져 가시는 예수님을 바라보고 있을 제자들에게 천사들이 이렇게 말했습니다.

"갈릴리 사람들아 어찌하여 서서 하늘을 쳐다보느냐(행 1:11)"

이때 하늘은 첫째 하늘을 이야기합니다. 요한복음 17장 1절에도 첫째 하늘 대기권 하늘에 대하여 언급되어 있습니다.

"예수께서 이 말씀을 하시고 눈을 들어 하늘을 우러러 이르시되(요 17:1)"

둘째 하늘(Space, 우주)

둘째 하늘은 우주를 이야기합니다. 여기에는 해와 달, 수많은 별들이 있는 장소입니다. 성경 여러 곳에서 둘째 하늘인 우주에 대하여 이야기하고 있으므로 여기 몇 구절을 인용해 봅니다.

내가 네게 큰 복을 주고 네 씨가 크게 번성하여 하늘의 별과 같고 바닷가의 모래와 같게 하리니 네 씨가 그 대적의 성문을 차지하리라 (창 22:17)

또 그리하여 네가 하늘을 향하여 눈을 들어 해와 달과 별들, 하늘 위의 모든 천체 곧 너희의 하나님 여호와께서 천하 만민을 위하여 배정하신 것을 보고 미혹하여 그것에 경배하며 섬기지 말라

(신 4:19)

네가 묘성을 매어 묶을 수 있으며 삼성의 띠를 풀 수 있겠느냐 너는 별자리들을 각각 제 때에 이끌어 낼 수 있으며 북두성을 다른 별들에게로 이끌어 갈 수 있겠느냐 네가 하늘의 궤도를 아느냐 하늘로 하여금 그 법칙을 땅에 베풀게 하겠느냐 (욥 38:31-33)

하늘의 별들과 별 무리가 그 빛을 내지 아니하며 해가 돋아도 어두우며 달이 그 빛을 비추지 아니할 것이로다 (사 13:10)

그 날 환난 후에 즉시 해가 어두워지며 달이 빛을 내지 아니하며 별들이 하늘에서 떨어지며 하늘의 권능들이 흔들리리라

(마 24:29)

셋째 하늘(천국, Heaven)

셋째 하늘은 대기권 하늘을 지나고 별들이 있는 우주를 지나서 마지막으로 예수 믿는 사람들이 가는 최후의 도착지인 천국을 말하는 것입니다.

이제 우리는 율법을 행함으로 의롭게 되어 천국에 가는 것이 아니라 예수를 구주로 믿어 의에 이르고 구원 받아 천국에 이르게 되는 것입니다. 예수 이름 이외에 구원 받을 만한 이름을 우리에게 주신 적이 없으시고 예수를 마음으로 믿고 입으로 시인함으로써 구원에 이를 수 있습니다.

사도 바울은 고린도후서 12장 2절에서 셋째 하늘에 대하여 적고 있습니다.

> 내가 그리스도 안에 있는 한 사람을 아노니 그는 십사 년 전에 셋째 하늘에 이끌려 간 자라 (그가 몸 안에 있었는지 몸 밖에 있었는지 나는 모르거니와 하나님은 아시느니라) (고후 12:2)

제가 이 책에서 언급하는 하늘이라고 하는 용어는 천국을 의미하고 있습니다. 천국은 하나님께서 계신 곳입니다.

> 그리스도께서는 참 것의 그림자인 손으로 만든 성소에 들어가지 아니하시고 바로 그 하늘에 들어가사 이제 우리를 위하여 하나님

앞에 나타나시고 (히 9:24)

　천국은 하나님께서 사시는 곳입니다.
　예수님께서 우리에게 주기도문을 가르쳐주실 때 "하늘에 계신 우리 아버지여(마 6:9)"라고 하셨습니다. 이 하늘은 천국을 말하는 것입니다. 열왕기상 8장 30절에서도 천국은 '하나님께서 거하시는(Dwelling) 곳'이라고 적혀있습니다. 시편 11편 4절에도 천국이 '하나님의 거룩한 성전'이라고 기록되어 있으며 '하나님의 보좌가 있는 곳'이라고 되어있습니다. 하나님의 거룩한 위엄이 깃들어 있는 곳이며, 빛과 기쁨과 영광이 넘치는 거룩한 곳입니다.
　우리는 천국이 정확하게 어디에 있는지 알 수 없으나 확실한 것은 첫째 하늘을 지나고 둘째 하늘을 지나 계속 위로 올라가면 있을 것으로 추정됩니다.
　천국에 있는 성도들과 천사들, 하나님을 섬기는 모든 이들의 초점은 오직 전능하신 하나님과 예수 그리스도를 경배하고 섬기며 영광 돌리는 데에 있습니다. 하나님을 가까이에서 섬기고 있는 그들이 부러웠습니다.
　천국에는 천사들이 많이 있습니다. 마태복음 18장 10절에서 천사들이 항상 아버지의 얼굴을 뵙는다고 말씀하십니다.

　　삼가 이 작은 자 중의 하나도 업신여기지 말라 너희에게 말하노니

> 그들의 천사들이 하늘에서 하늘에 계신 내 아버지의 얼굴을 항상 뵈옵느니라 (마 18:10)

천국에는 성도님들도 있습니다. 왜냐하면 예수님께서 우리에게 약속하시기를 나 있는 곳에 너희도 있게 하리라고 말씀하셨기 때문입니다.

> 가서 너희를 위하여 거처를 예비하면 내가 다시 와서 너희를 내게로 영접하여 나 있는 곳에 너희도 있게 하리라 (요 14:3)

베드로전서 1장 4절에서는 성도들을 위한 유업이 천국에 있다고 기록되어 있습니다. 우리가 천국에 가서 받을 유업은 썩지 아니하고 더럽혀지지 아니하며 쇠하지 아니합니다. 이 얼마나 놀라운 약속입니까?

천국에서의 찬양

성도 여러분! 제가 천국을 다녀와서 이렇게 간증을 할 수 있다는 것에 대하여 너무나 가슴이 떨려옴을 느낍니다. 제가 보았던 것들, 천국에서 보았던 사람들에 대하여 여러분께 말씀드릴 수 있다는 데에 흥분을 금할 수 없었습니다.

눈물의 방을 보여 주며 나를 안내하는 천사가 같은 기도를 여러 번 반복하는 것을 들을 수가 있었습니다. 다시 내게, 말하며 앞으로 나아갔습니다.

"자, 하나님의 영광을 보러 갑시다!"

천국은 빛으로 가득차 있고 웅장했습니다. 지상에서 웅장하다는 개념과는 조금도 비교가 안될 정도로 크고 위대했습니다. 사방에서 영광의 빛들이 서로 반사되며 발산되어 나왔습니다. 이 천국 간증을 읽으며 마음의 눈으로만 상상하기에는 천국은 너무나 크고 아름답고 놀라운 장소입니다. 천국을 보면서 시 한편이 생각이 났습니다.

예수님의 얼굴은 천국의 빛이요,
예수님은 천국의 기쁨입니다.
예수님을 찬양하는 것은 천국의 평화요 하모니이며,
예수님의 하시는 일들은 천국의 주제가 되어집니다.
예수님을 섬기는 것이 우리가 천국에서 할 일입니다.
천국은 오직 예수님으로만 충만합니다.
예수님이 우선이요, 당신이 두 번째요, 셋째는 나입니다.
우리의 모든 것의 우선 순위가 예수님이십니다.
살아도 주 위하여,
죽어도 주 위하여,
사나 죽으나 우리는 주님의 것입니다.

천사를 따라다니며 천국 구석구석에서 느낀 것은 기쁨과 평강과 행복으로만 가득차 있다는 것입니다. 슬픔과 걱정, 불행은 그림자조차 발견할 수 없었습니다. 순간적으로 지구 상에 있는 가족들 생각이 났습니다. 천사는 내 생각을 읽고 있는 것 같았습니다.

"당신은 지상에 있는 사람들에게 천국을 알려야 하는 사명이 있습니다. 이러한 목적으로 이곳에 온 것입니다. 당신은 천국의 일부를 볼 수 있도록 허락이 되었습니다. 전부는 아닙니다. 지금은 부분적으로만 천국을 볼 수밖에 없답니다."

우리의 목적지에 도착했을 때, 하나님께 찬양 드리는 수많은 무리들의 찬양 소리가 있었습니다. 그들의 찬양 소리는 너무나 장엄했으며 내 영혼의 심금을 울렸습니다. 세라핌 천사들과 성도들이 함께 찬양할 때 그 소리는 전 천국을 걸쳐서 메아리치고 또 메아리쳤습니다.

보좌를 가까이

내 영혼이 나도 모르게 기쁨과 즐거움으로 충만해졌습니다. 알 수 없는 영감에 의하여 우리가 점점 하나님의 보좌에 가까이 가고 있다는 것을 알았습니다. 천국에서는 자연히 알아지는 것들이 많았습니다.

갑자기 우리의 발걸음이 멈추었습니다. 아직 보좌에서 상당히 먼 거리인 것 같았습니다. 그러나 바로 내 앞에서 벌어지고 있는 모습을 보면서 나의 입은 벌어지고 말았습니다. 이 장면은 요한계시록 5장 11절에 있는 모습과 너무 유사하였습니다.

> 내가 또 보고 들으매 보좌와 생물들과 장로들을 둘러 선 많은 천사의 음성이 있으니 그 수가 만만이요 천천이라 (계 5:11)

수만의 천군 천사들이 한데 모인 것을 상상해 보십시오. 그리고 그들이 부르는 천국의 찬양소리! 지상에 있는 사람들이여! 여러분도 천국에 와서 꼭 보고 들으셔야 합니다. 하나님께서 사랑하는 자들을 위하여 예비하신 것이 어떤 것인지를 여러분이 꼭 보았으면 합니다. 수천 수만의 천사들이 모여 하나님을 찬양하는 소리에 나는 놀라움과 감탄을 금할 수 없었고 넋을 잃으며 벌려진 입을 다물 수가 없었습니다.

영광스러운 하나님의 보좌

이사야 6장 1절에서는 하나님의 보좌가 "높이 들린 보좌"라고 설명되어 있습니다.

보좌 아래에서 근원한 생명수 강은 아름다움과 청아함으로 유유히 흘러갑니다. 보좌에는 하나님의 영광으로 가득차 있었습니다. 보좌로부터 번개와 음성과 뇌성이 흘러나왔습니다. 사도 요한도 계시록에서 보좌에 대하여 다음과 같이 기록하고 있습니다.

> 보좌로부터 번개와 음성과 우렛소리가 나고 보좌 앞에 켠 등불 일곱이 있으니 이는 하나님의 일곱 영이라 (계 4:5)

또한 무지개를 보았는데 보좌에 둘러져 있었습니다.

> 앉으신 이의 모양이 벽옥과 홍보석 같고 또 무지개가 있어 보좌에 둘렸는데 그 모양이 녹보석 같더라 (계 4:3)

밝고 영광스러운 무지개 색채가 빛과 같이 혼합되면서 더욱 밝고 눈부신 색채로 발산되었습니다. 이런 무지개 색을 지상에서는 한 번도 본 적이 없었습니다. 무지개 색채에서도 하나님의 위엄과 영광을 느낄 수 있었습니다.

하나님의 영광이 보좌에서 발산되어 천국 전체를 밝혀주었습니다. 보좌에서 나오는 빛은 천국 구석구석까지 이르렀으며 천국이 투명해 보였습니다. 천국에는 해와 달이 없어도 하나님의 영광의 빛으로 인하여 밝고 투명했습니다. 피조물인 해의 빛과는 비교가 되지 못하였습니다.

'여기에서 얼마나 더 머물 수 있을까? 더 머물고 싶은데……'

나는 정말 천국에서 영원토록 살고 싶었으며 지상에 다시 돌아가고 싶지 않았습니다. 천국의 풍경은 정말로 나의 넋을 완전히 빼앗아 갔다고나 할까요? 천국에 있는 수많은 사람들 그리고 앞으로 올 영혼들을 생각해 보았습니다. 지상에 있는 사람들이 한 사람도 빠짐없이 다 여기로 왔으면 했습니다.

천국에는 하나님의 거룩하심과 그분의 크신 위엄, 말씀의 완성이 있습니다. 나는 큰 소리로 외쳤습니다.

"오 하나님, 당신의 영광과 위엄과 권능을 보는 것이 이 얼마나 놀라운 일인지요?"

주님의 천사가 내게 재촉하였습니다.

"자, 계속 갑시다. 앞으로 보아야 할 것들이 더 있습니다."

기록의 방

우리는 기록의 방이라고 일컬어지는 곳으로 갔습니다.

우리 각자에 대한 모든 기록이 세밀하고 자세하게 보관되어 있는 것에 너무나 놀랐습니다. 천사가 내게 말하길 우리에 대한 많은 기록들이 있지만 여기에 기록되어 있는 내용들은 각 교회와 가정에서 하나님께 드려지는 모든 예배에 대한 기록이라고 말해 주었습니다. 예배 드릴 때 하나님께 드려지는 헌금과 헌금하는 성도들의 마음 자세도 기록되어진다고 합니다. 그런데 하나님께서 풍성히 부어주신 물질에 비해 드리는 부분에서 온전치 못한 성도들이 많다고 하였습니다. 나는 이 말을 들으며 예수님께서 헌금함에 헌금하는 자들의 마음 태도를 보시는 성경 구절이 생각이 났습니다.

> 예수께서 헌금함을 대하여 앉으사 무리가 어떻게 헌금함에 돈 넣는가를 보실새 여러 부자는 많이 넣는데 한 가난한 과부는 와서 두 렙돈 곧 한 고드란트를 넣는지라 예수께서 제자들을 불러다가 이르시되 내가 진실로 너희에게 이르노니 이 가난한 과부는 헌금함에 넣는 모든 사람보다 많이 넣었도다 그들은 다 그 풍족한 중에서 넣었거니와 이 과부는 그 가난한 중에서 자기의 모든 소유 곧 생활비 전부를 넣었느니라 하시니라 (막 12:41-44)

우리에 대한 기록을 담고 있는 이런 종류의 책들은 이루 헤아릴 수 없었습니다. 이때 천사가 내게 이르기를 지금 본 것들을 지상에 있는 사람들에게 알려야 한다고 했습니다. 내가 본 것들 중에는 신기하고 이해하기 어려운 것들이 많았습니다.

> 우리가 지금은 거울로 보는 것 같이 희미하나 그 때에는 얼굴과 얼굴을 대하여 볼 것이요 지금은 내가 부분적으로 아나 그 때에는 주께서 나를 아신 것 같이 내가 온전히 알리라 (고전 13:12)

천사는 다시 한 번 지금 본 것들을 지상 사람들에게 알릴 사명이 내게 있음을 상기시켰습니다.

천국의 다른 부분으로 옮기자 매우 긴 복도가 나타났습니다. 복도의 벽은 매우 높았으며 백금으로 되어 있는 듯 하였습니다. 벽이 너무 밝았고 영광의 빛으로 가득차 있었습니다. 복도가 얼마나 긴지 끝이 보이지 않았으며 수 십 킬로는 되는 듯 했습니다. 나는 호기심 어린 모습으로 물었습니다.

"이곳은 어떤 곳입니까?"

하나님의 보물창고(Storehouse)

나를 안내하는 천사가 내게 말했습니다.
"자, 저 벽위를 보세요."
벽 윗쪽에 '보물창고' 라는 글씨가 새겨져 있었습니다.
"이 방들은 무엇하는 곳인가요?"
천사는 내게 이 방들은 하나님의 백성들을 위한 축복을

저장하는 곳이라고 하였습니다.

천국은 완벽한 순수함 그 자체입니다. 하나님께서는 지상에 있는 성도들이 정결함을 입어 천국의 거룩한 분위기에 동참하길 원하십니다.

천국은 기쁨으로 충만한 곳입니다. 그러므로 하나님께서는 이러한 기쁨을 지상에 있는 그의 백성들이 누리기를 원하십니다.

천국은 진정한 자유가 있는 곳입니다. 그러므로 하나님께서는 이 땅에 있는 성도들이 이러한 자유를 누리기 원하십니다. 마귀와 귀신들과 병과 저주와 가난의 사슬로부터 완전히 자유로워지기를 원하십니다.

천국은 온전함이 있습니다. 그러므로 지상에 있는 백성들의 육체도 온전하기를 원하십니다.

천국은 안전한 곳입니다. 그러므로 하나님께서는 지상에 있는 그의 백성들이 더욱 평안하고 안전하기를 원하십니다.

천국은 결실과 성취의 장소입니다. 그러므로 하나님께서는 그의 백성들이 결실하기를 원하십니다.

예수님께서 주기도문에서 "뜻이 하늘에서 이루어진 것 같이 땅에서도 이루어지이다(마6:10)."라고 하셨듯이 우리가 이 땅에 거하는 동안 천국의 것들을 가져다 쓰고 맛보고 체험해 보기를 하나님은 원하십니다.

성도 여러분! 하나님께서는 여러분을 위하여 천국에 보물창고를 가지고 계십니다. 여러분이 이 땅에 거하는 동안에 보물창고에 있는 것을 요구하고 가져다가 쓰기를 하나님은 원하십니다. 하나님께서는 여러분을 구원하시기 원하십니다. 여러분의 문제를 해결해 주길 원하십니다. 여러분을 고쳐주길 원하십니다. 하나님께서는 여러분이 "모든 지각에 뛰어난 하나님의 평강(빌 4:7)"을 알기 원하십니다. 하나님께서는 여러분이 "믿고 말할 수 없는 영광스러운 즐거움(벧전 1:8)"에 동참하기를 원하십니다.

치료하시는 예수님

"하나님의 영광을 보십시요."

나를 안내하던 천사가 말하고는 어디론가 사라져 버렸습니다. 그러자 예수님께서 어느덧 내 곁에 서 계셨습니다.

나는 예수님을 바라보았습니다. 전에 뵈었던 것과 좀 다른 점은 키가 나보다 더 커 보이셨습니다. 예수님께서 입고 계신 빛난 긴 옷은 우아하며 은혜스러워 보였습니다.

나는 예수님을 바라보며 여쭈어보았습니다.

"예수님, 이 방들은 무엇하는 방인가요?"

주님은 대답 대신에 손을 들어 벽쪽을 가리키셨습니다.

순간, 벽에 구멍이 나더니 점점 더 커지면서 벽이 열리기 시작했습니다. 열리는 구멍의 가장자리는 빛과 영광과 권능이 있었습니다. 구멍이 열리면서도 하나님께 영광을 돌리고 있는 것 같았습니다. 나는 외치지 않을 수 없었습니다.

"오, 주님! 대체 이것이 무엇이란 말입니까?"
"캐더린, 이것들은 나의 백성들을 위한 것이란다. 이 방에 있는 것들은 믿기만 하면 소유 할 수 있는 지상에 있는 죄인들을 위한 것이란다. 나는 병자들을 온전케 하기 위하여 죽었었느니라."

주님의 눈을 바라봤을 때 주님의 심정이 느껴졌습니다. 주님께서는 자신이 예수 그리스도 되심과 병자들을 온전케 하기 위하여 죽으셨다는 것을 사람들이 믿길 원하셨던 것입니다.

주님께서 말씀하셨습니다.
"신유는 지상의 사람들을 언제나 기다리고 있단다. 지상에서 병고침의 역사와 이적과 기사가 엄청나게 일어날 날들이 이를 것이다. 캐더린, 이 방에 있는 것들은 지상에서의 신유의 역사를 위하여 준비된 것들이니라. 여기에 있는 축복들은 지상에서 믿음을 가진 자들을 위하여 준비된 것들이니라.

그들이 할 일이란 그저 믿고 받아들이는 것 뿐이란다. 내가 주 예수 그리스도인 것과 내가 이 일들을 이룰 줄을 믿기만 하면 되는 것이다. 그리하면 병고침의 역사가 사람들 속에서 이루어 질 것이다."

이어서 더욱 힘있게 강조하셨습니다,
"신유를 행하는 자는 사람이 아님을 명심하길 바란다. 사람은 신유를 옮기는 매개체일 뿐이니라. 병을 고치는 것은 바로 내가 행하는 일이다. 너희가 할 것은 나의 말을 선포하고 기도해 주는 일 뿐이니라. 그리하면 내가 병고침의 역사를 행할 것이니라. 내가 이 일 할 수 있음을 믿기를 바라노라."

나는 외쳤습니다.
"아멘! 할렐루야! 하나님께 영광을! 예수님, 감사합니다!"
주님이 다시 손을 내리실 때 벽이 닫혔습니다. 그리고 천사가 다시 내게 나타났습니다. 우리는 다시 매우 빠른 속도로 여행을 시작했습니다. 다시 사람들의 찬양하는 소리와 음악소리가 들려왔습니다. 천사는 다시 말했습니다.
"캐더린, 하나님의 명령을 따라 당신에게 보여줄 것이 더 있습니다. 이 모든 것들을 지상에 있는 사람들에게 알려야 합니다."

3

과거, 현재 그리고 미래

나를 안내하던 천사는 흥미로운 것을 보여 주었습니다. 이것은 전에 내가 매우 궁금하게 여기던 내용이었습니다.

천사가 내게 말했습니다.

"나는 하나님의 지시를 따라 당신에게 과거, 현재 그리고 미래에 대한 것을 보여드립니다. 지금 보여드리는 것은 자매님을 흥미롭게 만들 것입니다.

보여드리고자 하는 것은 한 영혼이 거듭났을 때 어떠한 일이 벌어지는지, 그리고 우리의 죄가 예수님의 보혈에 의해 어떻게 씻겨지는지를 알게 해 줄 것입니다. 한 영혼이 거듭나서 죽을 때 그에게 어떠한 일이 일어나는지를 보여드리겠습니다. 자, 가서 하나님의 영광을 봅시다."

우리는 매우 빠른 속도로 천국에서 지상을 향해 내려갔습니다. 어느덧 지구에 도착했습니다. 어느 시골에 아름다운 교회 하나가 눈에 들어왔는데 이 교회가 어디에 있는지는 잘 알 수 없었습니다. 아주 시골 구석에 있는 조그마한 교회 같았습니다. 천사의 도움으로 교회 안을 들여다보니 줄잡아 30여명의 사람들이 앉아서 예배를 드리고 있었고 단상에 서 계신 목사님은 이사야서 55장 6절에서 7절 말씀을 가지고 설교하고 계셨습니다.

> 너희는 여호와를 만날 만한 때에 찾으라 가까이 계실 때에 그를 부르라 악인은 그의 길을, 불의한 자는 그의 생각을 버리고 여호와께로 돌아오라 그리하면 그가 긍휼히 여기시리라 우리 하나님께로 돌아오라 그가 너그럽게 용서하시리라 (사 55:6-7)

이 모습을 보면서 큰 천사 하나가 교회에 서 있는 것을 보았습니다. 나를 안내하는 천사가 말해 주었습니다.

"각 교회마다 큰 천사 하나가 꼭 있습니다. 큰 천사는 그 교회에서 봉사하는 나머지 천사들을 관리하는 일을 하고 있습니다."

교회에 있는 천사들

교회당에 들어가는 입구에는 책을 든 천사 둘이 서 있었습니다. 나를 안내하는 천사가 손으로 신호를 보내자 교회 지붕이 위로 열려서 완전히 뒤로 뒤집어졌습니다. 교회 안이 훤히 들여다 보였습니다. 두 천사가 목사님 오른편, 왼쪽에 각각 서 있었습니다. 두 천사들 뒤로 또 다른 두 천사가 각각 오른편, 왼편에 서 있었습니다. 모두 합쳐 강대상에 4명의 천사가 목사님을 중심으로 직사각형 모양으로 서 있었습니다. 또 다른 두 천사가 예배당 제일 뒷편 양쪽에 한 명씩 서 있었습니다. 예배당 중간쯤에 또 다른 두 천사가 각각 양쪽에 한 명씩 서 있었습니다. 그들의 손에는 책과 펜이 들려져 있었습니다. 나를 인도하는 천사가 말하였습니다.

"자, 보십시오. 어떤 일이 벌어지는지."

헌금 할 시간이 되었습니다. 헌금하는 시간에 천사들이 헌금하는 사람들의 마음 자세를 기록하기 시작했습니다. 마지못해서 하는 것인지 아니면 기쁨으로, 자원하는 심정으로 기꺼이 하나님의 사역을 위해 드리는지를 체크하는 것이었습니다.

앞 단상에 있던 두 명의 천사들이 고개를 움직이며 지시를 하자 나머지 천사들이 그 지시를 따르는 것 같았습니다. 이러한 천사들의 활동은 사람들의 눈에는 보이지 않았으나 나는 천사들의 활동을 분명하게 볼 수 있었습니다.

나를 안내하는 천사가 말했습니다.

"자, 더 자세히 보세요. 다른 일이 벌어집니다."

예배를 바라보고 있는 나의 위치가 말씀을 증거하는 목사님 뒤로 갑자기 옮겨졌습니다. 목사님 바로 뒤에서 온 성도님들과 교회 전체를 바라보는 위치로 옮겨진 것입니다. 목사님께서 이사야 55장 6절 말씀을 가지고 계속 설교 하셨습니다.

"너희는 여호와를 만날 만한 때에 찾으라 가까이 계실 때에 그를 부르라."

이때 교회 안에 수많은 천사들의 모습이 보였으며 말씀이 선포될 때마다 천사들이 기뻐하고 즐거워하는 것 같았습니다. 목사님이 말씀을 선포할 때 목사님 머리 위로 계속해서 기름 부으심이 이어졌습니다. 하나님의 영광이 목사님의 입에서 나오고 있었습니다.

교회 뒷쪽 문이 열렸습니다. 술에 취한 사람이 비틀거리며 안으로 들어왔습니다. 그리고 복도에 이르러 말했습니다.

"목사님이 말씀하시는 사람이 바로 접니다. 저는 주님이 필요합니다. 저는 구원 받고 싶습니다. 저는 알코올 중독자입니다."

그 사람은 강대상 가까이까지 와서 무릎을 꿇고 하나님께 울부짖었습니다. 두 분의 집사님들이 그 사람에게 가서 다정하게 손으로 그 사람의 어깨를 감싸며 물었습니다.

"진심으로 구원 받기 원하십니까?"

그러자, 그는 대답했습니다.

"네, 진심입니다. 저는 알코올 중독자입니다. 여기에서 자유로워지고 싶습니다."

영혼이 구원받다

두 명의 천사가 어디로부터 더 나타나 지금 일어나고 있는 상황을 기록하기 시작했습니다. 그리고 그 남자분이 하는 말도 다 기록하였습니다.

집사님들이 그 영혼을 구원의 길로 인도하기 시작했습니다. 이 남자분이 죄로 가득차 있는 것이 보였습니다. 집사님들이 같이 기도할 때 천사들 중 하나가 그 남자의 가슴을 탁 쳤습니다. 그러자 그 남자의 가슴에서 먹 구름 같은 검은 연기가 빠져나가기 시작했습니다. 이 장면을 바라보면서 성경에서 말한 마음에서 나오는 죄에 대하여 생각해 보았습니다.

> 선한 사람은 그 쌓은 선에서 선한 것을 내고 악한 사람은 그 쌓은 악에서 악한 것을 내느니라 (마 12:35)

> 입에서 나오는 것들은 마음에서 나오나니 이것이야말로 사람을
> 더럽게 하느니라 마음에서 나오는 것은 악한 생각과 살인과 간음
> 과 음란과 도적질과 거짓 증언과 비방이니 (마 15:18-19)

남자분이 두 손을 들고 기도하기 시작할 때 그를 싸고 있는 넓고 검은 색의 보자기 같은 것들이 보였습니다. 그를 감싸고 있는 죄의 보자기인 것 같았습니다. 그는 알코올 중독과 술취함의 사슬에 묶여 있었던 것입니다.

집사님 한 분이 그에게 이야기해 주었습니다.

"죄를 낱낱이 하나님께 고해야 합니다. 그리하면 하나님께서 당신의 죄를 용서해 주실 것입니다. 어린 양의 피로 깨끗하게 씻어 주실 것입니다."

그가 하나님께 죄를 낱낱이 고하며 회개 기도를 시작하자 천사가 다시 그를 한 번 쳤습니다. 동시에 천사의 손에서 불 같은 것이 나오면서 그를 치는 것이었습니다. 그러자 그를 둘러싸고 있던 검은색 보자기가 끝에서부터 한 올씩 풀어지기 시작했습니다. 보자기에서 실이 풀어져 나가더니 그를 덮고 있었던 보자기는 이제 더 이상 보이지 않았습니다. 그가 죄악에서 해방된 것입니다. 이것은 그 사람에게 엄청난 자유를 주었습니다.

그는 다시 두 손을 들더니 하나님을 찬양하기 시작했습니다. 그는 일어섰습니다. 그리고 하나님의 영광이 그에게 내

려오는 것을 보았습니다. 그를 변화시키신 분은 바로 주님이십니다. 그리고 그는 주님께 찬양을 드리기 시작했습니다.

두 명의 큰 천사들이 하늘로부터 내려와서는 우리 있는 쪽으로 왔습니다. 그리고 서로를 쳐다보며 고개를 끄덕였습니다. 그 천사들은 말했습니다.

"자, 하나님의 영광을 보러 갑시다."

다시 기록의 방으로

우리는 큰 두 명의 천사와 함께 아주 빠른 속도로 다시 천국으로 돌아왔습니다. 천국 문을 지나서 금으로 된 천국 길을 따라 내려갔습니다. 그리고 아주 빠르게 너무나 아름다운 방으로 안내되었습니다. 천사가 말했습니다.

"자, 여기에서는 무엇을 하는지 봅시다."

그곳은 긴 복도가 끝없이 이어져 있었으며 복도 양쪽으로 많은 방들이 있었습니다. 천사는 설명해 주었습니다.

"이런 방들이 천국에는 아주 많이 있답니다. 이곳은 기록의 방들이라고 불리웁니다. 지금 우리가 들어가고자 하는 방은 방금 지구에서 회심한 영혼에 대한 기록을 저장한 방입니다."

그 방에 들어가자 지구상에서 보았던 천사들이 보였고 그 남자 분에 대한 기록을 다른 천사에게 건네주는 것이 보였습니다.

방의 모양은 직사각형으로 도서관 같았으며 높은 곳을 오르기 위해 사다리들이 연결되어 있었습니다. 벽은 책을 보관한 선반들로 가득차 있었습니다. 방 중앙에는 가로 2.4m, 세로 1.2m 크기의 금으로 된 큰 책상이 하나 놓여 있었습니다. 책 사이에는 각종 과일과 잎사귀 무늬가 새겨져 있었으며 책상 바로 옆에는 하나님을 찬양하고 높이는 일을 하는 천사들이 나란히 서 있었습니다. 지금까지 이렇게 예쁜 책상을 본 적이 없었습니다. 이 방에서도 하나님의 위대하심과 영광을 볼 수 있었습니다.

천사들은 사다리를 오르락내리락하며 부지런히 움직였습니다. 그들은 쉬지 않고 책을 가지고 내려왔다가 다시 제자리에 올려놓는 일을 하고 있었습니다. 지상에서 막 가져온 보고서를 들고 서 있는 천사들도 있었습니다.

책꽂이에 꽂혀있는 책들의 색깔이 다 달랐습니다. 지상의 교회에서 보았던 천사들도 책꽂이에서 책을 꺼내 가지고 방 담당 천사에게 보여 주기 위해 줄을 서서 기다리고 있었습니다. 거듭난 남자에 대한 기록을 담은 책인 듯 했습니다.

나를 안내하는 천사가 말했습니다.

"교회 예배시에 저 두 천사들을 본 적이 있으시지요?"

"네, 그렇습니다."

"천사들의 손에 들려있는 책이 보이시지요?"

"네."

"저 책은 그 교회에서 거듭난 사람에 대한 기록이랍니다. 책꽂이에서 뽑아서 방 담당 천사에게 보여 주기 위해 기다리는 중이랍니다."

나를 안내하는 천사가 각 방마다 방을 담당하는 천사가 있다고 말해주었습니다. 방 안에 있는 모든 기록은 방 담당 천사를 거쳐서 나가며 이 모든 순서는 하나님의 영광을 위해 이루어진다고 했습니다.

방 담당 천사는 금발 머리에 빛나고 하얀색 드레스를 입고 있었으며 그 드레스는 금으로 입혀져 있었습니다. 날개는 길이가 3.6m정도 되는 듯 하였으며 지금까지 본 천사들 중 제일 아름다워 보였습니다. 방 담당 천사는 그 방 전체를 관리하며 방에 있는 모든 기록을 처리하고 있었습니다.

그 천사가 나를 보더니 오라는 표시를 했습니다. 하나님의 권능이 나를 움직이더니 자동적으로 내가 그 천사의 옆으로 옮겨져 갔습니다. 방 담당 천사는 말했습니다.

"당신은 이곳에 오도록 하나님의 부르심을 받았습니다. 이제 이것을 보고 지상에 내려가서 보았던 것들을 사람들에게 알리도록 하십시오."

기록 보관하기

하나님을 찬양하는 큰 소리가 사방에서 들렸고 벨소리도 울렸습니다. 기쁨과 즐거움과 웃음을 지은 천사들이 한 손에 책을 들고 방 담당 천사에게 보고하기 위해 줄을 서 있었습니다. 하나님의 권능과 행하시는 일로 인하여 하나님을 높이고 찬양하였습니다. 나를 안내하는 천사가 내게 물었습니다.
"책상 앞에 있는 두 천사가 보이시나요?"
"예."
"그 남자 분이 회심할 때 저 천사들이 같이 있었습니다."
방 담당 천사가 책을 열었습니다. 그러나 나는 무엇이 기록되어 있는지 알 수가 없었습니다. 천사가 그 책을 내게 보여 주면서 말했습니다.
"이것은 그 남자에 대한 기록이랍니다."
질서정연하게 기록이 되어있었으며 글자가 너무 아름다웠습니다. 나라 이름, 주 이름, 도시 이름, 교회 이름 등이 자세하게 기록되어 있었습니다.

방 담당 천사는 내게 그 교회 목사님의 성함이 무엇인지 그때 얼마나 많은 사람들이 그 장소에 있었는지를 알려 주었습니다. 심지어 예배 순서까지 그 책에 기록되어 있었습니다. 모든 기록이 너무나 상세하게 적혀 있었습니다. 그때 예배를 참석했던 각 사람들의 이름과 헌금에 대한 자세한 내용들이 기록되어 있었습니다. 구원 받았던 남자의 이름, 구원 받을 때 선포되었던 메시지 내용, 거듭난 정확한 시간을 초 단위까지 정확하고 꼼꼼하게 기록되어 있었습니다.

나는 외쳤습니다.

"하나님께 영광을!"

이 남자분이 회개한 내용과 회개한 것들이 기록되어 있었으며 예수님을 구주로 주님으로 영접한 기도 내용도 기록되어 있었습니다. 여기까지 기록을 살펴보았을 때 방 담당 천사가 두 천사들에게 물었습니다.

"그때 당신들은 그 남자가 거듭나는 것을 보았습니까?"

"네, 저희들이 증인들입니다. 우리는 그 자리에 있었습니다. 그는 예수 그리스도를 주님으로 구세주로 영접하였습니다. 이 모든 과정을 우리가 지켜봤습니다."

이때, 순식간에 하나님께 영광 돌리는 소리가 사방에서 울려퍼졌습니다. 기쁨의 환성 소리와 하나님을 찬양하는 소리가 큰 소리로 울려퍼졌습니다. 천국에 있는 모든 이들이 기뻐하고 즐거워하는 것 같았습니다.

방 담당 천사가 그 남자의 기록책에 뭐라고 쓰는 것 같았습니다. 그리고 책을 덮었습니다. 그 책은 굉장히 두꺼웠습니다. 그가 내게, "당신 뒤를 보십시오."라고 하자 나는 뒤를 돌아보았습니다. 그리스도로 말미암아 구속 받은 수많은 사람들이 하얀 세마포 옷을 입고 영광 가운데 서 있었습니다.

예수님의 보혈

지극히 높으신 하나님의 거룩한 성도들이 찬양으로 하나님을 높이고 있었습니다.

나의 죄를 씻기는 예수의 피밖에 없네
다시 성케 하기도 예수의 피밖에 없네
예수의 흘린 피 날 희게 하오니
귀하고 귀하다 예수의 피밖에 없네!

거듭난 남자에 대한 기록책이 즐거워하는 성도들 중 한 사람에게 건네졌습니다. 그러자 책 각 페이지에 기록된 죄들이 깨끗하게 씻겨져 가는 것이었습니다. 성도들이 그 책을 같이 높이 들어 올렸습니다. 각 장 속에 기록되어진 지난 날의 더러운 죄들이 예수님의 보혈에 의하여 깨끗하게 씻겨 내려가고 있었습니다. 그 남자의 죄는 모조리 다 씻겨져 내려갔으며 남아있는 죄는 하나도 없었습니다. 이때 하나님의 말씀이 마음에 생각이 났습니다.

나 곧 나는 나를 위하여 네 허물을 도말하는 자니 네 죄를 기억하지 아니하리라 (사 43:25)

"오, 나의 하나님. 이 얼마나 아름다운 말씀인지요!"

말씀하신대로 이루시는 하나님께 한없는 찬양이 흘러나왔습니다. 남자의 모든 죄가 어린 양의 보혈로 깨끗하게 씻겨진 것입니다. 그리고 그의 책은 머리카락이 아름답고 긴 천사에게 옮겨졌습니다. 그들은 서로 인사를 하고는 다시 한 번 하나님께 영광을 돌렸습니다.

"자, 이제 다시 하나님의 영광을 보러 갑시다."

나를 안내하는 천사가 말하자 우리는 그 긴 복도를 아주 빠른 속도로 통과하고 있었습니다.

어린 양의 생명책

다시 우리는 하나님의 보좌가 있는 곳으로 왔습니다. 뿔나팔(Horn)이 울리고 나팔(Trumpet)소리가 퍼졌습니다. 영광의 구름이 보좌를 둘러싸고 환하게 빛났으며 보좌 주위에는 천둥과 번개로 가득차 있었습니다.

천사 하나가 책을 하나님의 제단 위에 놓고 절을 하였습니다. 하나님의 큰 음성이 공기를 뚫고 울려퍼졌습니다. 한 말씀 한 말씀이 선명하게 들렸습니다.

"지금 내 아들의 피로 한 영혼이 구속함을 받았느니라. 내 아들의 보혈로 말미암아 구원을 받은 것이니라."

이렇게 말씀하시자 천국의 모든 종들이 울리기 시작하고 천국 백성들은 큰 소리를 외치며 하나님을 찬양하며 경배를 드렸습니다. 하나님의 제단 위에 어린 양의 생명책이 놓여 있었습니다.

> 무엇이든지 속된 것이나 가증한 일 또는 거짓말하는 자는 결코 그리로 들어가지 못하되 오직 어린 양의 생명책에 기록된 자들만 들어가리라 (계 21:27)

보좌 위 구름 속에서 한 손이 나와서 제단 위에 있는 책에 그 남자의 이름을 기록하였습니다. 어린 양의 생명책에 말입니다. 하나님께 영광을! 성도 여러분, 우리들의 이름이 바로 이 생명책에 기록되어 있는 것입니다.

"자, 와서 하나님의 영광을 보십시요."

나를 안내하는 천사가 말하고는 빛보다 빠른 속도로 나를 데리고 어디론가 갔습니다.

생명수의 강

주님께서 성도들을 생명수의 강으로 인도하셨습니다. 생명수의 강은 하나님과 어린 양의 보좌로부터 나와서 흘러갔습니다.

> 또 그가 수정 같이 맑은 생명수의 강을 내게 보이니 하나님과 및 어린 양의 보좌로부터 나와서 길 가운데로 흐르더라 강 좌우에 생명나무가 있어 열두 가지 열매를 맺되 달마다 그 열매를 맺고 그 나무 잎사귀들은 만국을 치료하기 위하여 있더라 (계 22:1-2)

성도들이 생명수의 강을 통과하자 아름다운 하얀 세마포 옷으로 단장되었습니다. 그들은 강에서 나오면서 외쳤습니다.
"하나님께 영광을 돌립니다!"
계시록에 있는 말씀이 생각이 났습니다.

> 장로 중 하나가 응답하여 나에게 이르되 이 흰 옷 입은 자들이 누구며 또 어디서 왔느냐 내가 말하기를 내 주여 당신이 아시나이다 하니 그가 나에게 이르되 이는 큰 환난에서 나오는 자들인데 어린 양의 피에 그 옷을 씻어 희게 하였느니라 (계 7:13-14)

보좌 앞

다시 보좌 앞에 섰습니다. 보좌 앞에서 나팔 소리가 울려 퍼졌습니다. 보좌 앞에 서 있다는 감동으로 온 몸이 떨려왔습니다. 보좌 주위에서 사역하는 열두명의 천사들이 아름다운 모습으로 나타났습니다. 그들은 가슴에 호심경을 붙이고 그 호심경 위에는 각가지 아름다운 보석들이 있었으며 머리 위에는 진귀한 색채 장식들로 되어 있었고 옷 가장자리는 금으로 수가 놓여 있었습니다.

장엄한 나팔 소리가 울려 퍼지자 성도들과 천사들이 큰 떼를 이루어 모여들었습니다. 그들 모두는 하나님을 찬양하고 있었습니다.

구속 받은 자들

남녀노소 나이에 상관없이 구원 받은 사람들은 너무나 아름다워 보였고 영화롭게 보였습니다. 이들은 공간에 떠 있는 유령 같거나 연기가 아닌 지구상에 있는 우리와 똑같은 사람들입니다.

사방을 둘러봐도 천사들은 하나님의 위대하심을 찬양하는 일을 쉬지 않고 하고 있는 것 같았습니다. 보좌에서 들려오는 음성이 있었습니다.

> 내가 들으니 보좌에서 큰 음성이 나서 이르되 보라 하나님의 장막이 사람들과 함께 있으매 하나님이 그들과 함께 계시리니 그들은 하나님의 백성이 되고 하나님은 친히 그들과 함께 계셔서 모든 눈물을 그 눈에서 닦아 주시니 다시는 사망이 없고 애통하는 것이나 곡하는 것이나 아픈 것이 다시 있지 아니하리니 처음 것들이 다 지나갔음이러라 보좌에 앉으신 이가 이르시되 보라 내가 만물을 새롭게 하노라 하시고 또 이르시되 이 말은 신실하고 참되니 기록하라 하시고 (계 21:3-5)

보좌는 영광의 구름으로 가리워져 있었고 천둥, 번개를 동반한 음성이 들려왔습니다. 이때 구름 속에서 하나님의 손이 나오더니 성도들의 눈물을 친히 닦아주셨습니다. 하나님께서 모인 성도들에게 말씀하셨습니다.

"너희들의 이름이 어린 양의 생명책에 기록된 것을 보았노라. 주님의 기쁨에 동참하게 된 것을 진심으로 환영하노라."

이 말씀을 들으면서 다시 한 번 성경에 기록되어진 하나님의 말씀들이 생각이 났습니다.

그 주인이 이르되 잘하였도다 착하고 충성된 종아 네가 적은 일에 충성하였으매 내가 많은 것을 네게 맡기리니 네 주인의 즐거움에 참여할지어다 하고 (마 25:21)

주님은 그 자리에 있는 성도들의 머리 위에 금으로 된 면류관을 씌워 주셨습니다. 하나님의 축복이 흘러 넘쳤습니다. 하나님의 축복은 이 땅에서 뿐 만 아니라 저 하늘나라에서도 계속되고 있었습니다.

4 천국의 보물창고들

 내게 지옥을 보여 주신 예수님은 나를 위로하시기 위해 천국을 보여 주신 것 같습니다. 지옥을 방문하는 것은 내게는 너무나 비참하고 무서웠습니다. 그래서 천국을 볼 수 있는 축복을 내게 주신 것 같습니다.

 천국을 방문하면서 하나님의 보물창고들을 보았습니다. 나를 안내하는 천사가 그곳으로 데려갔습니다. 그 천사는 키가 컸으며 매우 아름다웠습니다. 무지개 빛의 날개를 가지고 있었으며 날개 모양은 삼각형으로 생겼습니다. 가이드 천사는 하나님의 지시하심에 따라 천국에서 나를 안내하는 직분을 받았으며 천국의 일부분을 내게 보여 주었습니다.

우리는 지구를 떠나 위를 향해 계속 올라갔습니다. 대기권을 벗어나고 우주를 벗어나니 천국이 나왔습니다. 첫째 하늘, 둘째 하늘을 지나간 것입니다. 천국에도 과일 나무가 있으며 각종 아름다운 열매를 맺고 있었습니다. 천국에서도 가족끼리 모이는데 아름다운 옷을 입은 한 가족이 언덕을 오르내리면서 하나님을 찬양하고 있었습니다.

천국의 분위기는 이 세상에서 가장 아름다운 음악이 깔려 있는 잔잔하고 고요한 분위기라고나 할까요. 천국의 음악은 기쁨의 표시였으며 행복과 즐거움의 표시였습니다. 음악 소리를 들으면서 나도 모르게 기쁨과 행복, 즐거움이 솟아오르는 것을 느꼈습니다.

천국의 음악은 지상의 그 어느 단체나, 교회 성가대와 비교할 수 없는 아름다운 음악이었으며 완벽한 심포니 오케스트라였습니다. 수백만 명의 소리가 찬양하는데 마치 한 목소리처럼 들렸으며 그 큰 음성의 웅장하고 장엄함을 감히 지구상의 그 어떤 말로 표현할 수 있겠습니까? 완벽한 조화요, 실수가 전혀 없는 걸작품 그 자체였습니다.

악기는 또 어떠한지요? 트럼펫과 각종 악기들, 관현악기, 현악기등 이루 헤아릴 수 없는 악기들은 성도들이 부르는 찬양 소리를 더욱 빛나게 했습니다. 악기 소리들은 맑은 물소리와 같이 깨끗하고 청결하게 들렸습니다. 완벽한 하모니, 아름다운 가락 그 자체였습니다. 이러한 찬양과 악기 소리를 혼자 듣는다는 것은 너무 가슴 벅찬 일이었으며 전율과 진한 감동이 물밀듯이 계속 몰려 왔습니다.

하나님을 높이는 이 위대한 찬양을 듣는 것 자체가 너무나 영광스러운 일이 아닐 수 없었습니다. 지구상에서 박자가 맞지 않고 노래를 못하던 음치라 할지라도 천국에서는 일류의 음악가가 되어 하나님을 찬양할 수가 있습니다. 천국에서는 모두가 행복합니다.

지구상에서 아무리 뛰어난 찬양이라 할지라도 천국의 음악에 비하면 빛을 잃고 말 것입니다. 계속 이어지는 찬양의 파도는 천국의 땅과 길들에 굽이치며 흘러가고 있었습니다. 사면에 찬양 외에는 아무 것도 없었습니다. 나를 인도하는 천사가 말했습니다.

"자, 하나님의 영광을 보러 갑시다."

천사의 안내를 따라가면서 싱싱하고 푸른 잔디를 지나갔습니다. 곳곳에 심겨진 많은 꽃들은 너무나 아름다웠으며 활짝 피어 있었습니다. 꽃들도 하나님을 찬양하고 있었습니다.

천국의 말들

안내하는 천사를 따라가다가 흰 말들이 모여있는 곳을 지나가게 되었습니다. 흰 말을 보았을 때 요한계시록에 나온 백마가 생각이 났습니다.

> 또 내가 하늘이 열린 것을 보니 보라 백마와 그것을 탄 자가 있으니 그 이름은 충신과 진실이라 그가 공의로 심판하며 싸우더라 그 눈은 불꽃 같고 그 머리에는 많은 관들이 있고 또 이름 쓴 것 하나가 있으니 자기밖에 아는 자가 없고 또 그가 피 뿌린 옷을 입었는데 그 이름은 하나님의 말씀이라 칭하더라 하늘에 있는 군대들이 희고 깨끗한 세마포 옷을 입고 백마를 타고 그를 따르더라 (계 19:11-14)

흰 말들은 하얀 대리석처럼 귀족스러워 보였습니다. 마치 옥석으로 조각을 해놓은 듯이 정교하고 아름답게 보였습니다. 그러나 조각이 아니라 살아 움직이는 실제 흰 말들이었습니다.

옷을 예쁘게 차려입은 여자 분이 빙그레 웃으며 말들과 대화를 나누고 있었습니다. 말들로 하여금 무릎을 꿇고 하나님께 절하며 찬양 하는법을 가르치고 있었습니다. 여자 분이 뭐라고 하자 흰 말 전체가 오른쪽 무릎을 굽혀 절을 하며 하나님을 찬양했습니다.

세상에 말들이 무릎을 굽혀 절을 하고 하나님을 찬양할 수 있단 말입니까! 이 모습을 보며 모든 무릎이 꿇어 엎드려 하나님께 절하며 찬양하리라는 이사야서 말씀이 생각이 났습니다. 천국에서는 하나님의 말씀이 즉각적으로 잘 떠올랐습니다.

> 내가 나를 두고 맹세하기를 내 입에서 공의로운 말이 나갔은즉 돌아오지 아니하나니 내게 모든 무릎이 꿇겠고 모든 혀가 맹세하리라 하였노라 (사 45:23)

> 기록되었으되 주께서 이르시되 내가 살았노니 모든 무릎이 내게 꿇을 것이요 모든 혀가 하나님께 자백하리라 하였느니라
> (롬 14:11)

> 이러므로 하나님이 그를 지극히 높여 모든 이름 위에 뛰어난 이름을 주사 하늘에 있는 자들과 땅에 있는 자들과 땅 아래에 있는 자들로 모든 무릎을 예수의 이름에 꿇게 하시고 모든 입으로 예수 그리스도를 주라 시인하여 하나님 아버지께 영광을 돌리게 하셨느니라 (빌 2:9-11)

> 내가 또 들으니 하늘 위에와 땅 위에와 땅 아래와 바다 위에와 또 그 가운데 모든 피조물이 이르되 보좌에 앉으신 이와 어린 양에게 찬송과 존귀와 영광과 권능을 세세토록 돌릴지어다 하니
> (계 5:13)

평강과 기쁨과 행복이 천국 어느 곳에나 배어 있었습니다. 천국에 있는 모든 이들이 하나님을 찬양하고 있는 것 같았습니다.

나를 안내하는 천사는 어디론가 갑자기 사라지고 어느새 그 자리에 예수님이 서 계셨습니다. 예수님이 입고 계시는 세마포 옷(원피스 드레스)은 천국의 다른 옷들과 달랐습니다. 예수님의 예리한 눈은 아름다웠습니다. 단정한 구렛나루 수염과 머리 숱이 많은 것 같았습니다.

예수님을 바라보면서 그의 눈에 젖어있는 부드러움은 이루 말로 표현하기 어려웠으며 주님에게서 풍겨 나오는 사랑은 흘러 철철 넘치는 것 같았습니다. 주님을 뵙는 순간에 내 안에 있는 모든 것으로 만왕의 왕이시고 만유의 주가 되시는 예수 그리스도께 무릎을 꿇고 찬양하고 싶었습니다. 주님에게서 영광과 권능이 흘러 넘쳤습니다.

신유의 보물창고

예수님의 얼굴에 수심이 가득해 보였습니다.
나는 예수님께 물었습니다.

"예수님, 무슨 근심이 있으신지요?"
"캐더린, 저기를 보아라!"

예수님께서 손으로 한쪽을 가리키자 한 장면이 열리며 빌딩 하나가 보였습니다. 눈 앞에 큰 장면이 열리는 것이 너무 신기스럽고 하나님의 권능을 느낄 수 있었습니다.

"캐더린, 여기 천국의 신유의 보물창고들을 보았느냐?"
"네, 주님, 보았습니다."
"모든 병고침의 역사는 지상 사람들에게 주는 나의 선물이란다."

나는 예수님의 이 말씀에서 사람들의 병을 고쳐주시고자 하는 주님의 마음을 읽을 수 있었습니다. 우리 삶에서 고통은 비극입니다. 우리는 얼마나 많은 질병과 육체적 고통 속에서 살아가는지 모릅니다. 어디에서나 이런 모습들을 볼 수 있습니다.

병원이나 메디컬센터 같은 곳을 가보세요! 전염병으로 고생하는 사람들, 정신병, 중환자실, 응급치료실, 상상할 수 없는 육체의 고통과 정신적 아픔 속에서 사람들은 허덕이고 있습니다!

질병은 아담과 하와가 타락함으로써 이 땅에 왔습니다.

죄의 결과에 의해 일어난 것입니다. 어떤 이들은 질병을 단순히 육체의 비극이나 귀찮은 것으로만 간주하는 경향이 있습니다. 또한 이것을 당연한 것으로 생각하는 이들이 있습니다. 그러나 질병은 사탄의 저주입니다. 사탄이 인간 속에서 역사하고 있다는 증거입니다.

천국에서의 신유

신유의 역사는 절대적으로 필요합니다. 병은 하나님의 뜻이 아닙니다. 하나님께서는 병 주고 약 주고 하시지 않습니다. 하나님께서 주신 것도, 천국에서 온 것도 아닌 마귀로부터 온 것입니다.

천국에는 병이 없습니다. 고통과 저주와 어둠과 슬픔이 영원토록 없습니다. 사도 바울은 로마서 8장 18-19절에 이렇게 기록하고 있습니다.

> 생각하건대 현재의 고난은 장차 우리에게 나타날 영광과 비교할 수 없도다 피조물이 고대하는 바는 하나님의 아들들이 나타나는 것이니 (롬 8:18-19)

이 세상에서 가장 악독한 병이라 할지라도 이곳 천국에서 누릴 영광에 비하면 아무것도 아닙니다. 천국에서는 더 이상 병으로 인한 고통이나 고생은 없습니다. 천국에서는 완벽한 육체를 가지게 됩니다. 주님은 우리가 병에서 놓임 받기를 진심으로 원하십니다.

하나님의 이름 중에서 '여호와 라파'라는 이름이 성경에 나옵니다. 이는 '우리를 치료하시는 하나님'이라는 뜻입니다. 하나님께서는 우리의 병을 치료하시기 위하여 약속을 주셨습니다.

> 이르시되 너희가 너희 하나님 나 여호와의 말을 들어 순종하고 내가 보기에 의를 행하며 내 계명에 귀를 기울이며 내 모든 규례를 지키면 내가 애굽 사람에게 내린 모든 질병 중 하나도 너희에게 내리지 아니하리니 나는 너희를 치료하는 여호와임이라
>
> (출 15: 26)

질병은 죄로 인한 저주의 결과로 왔지만 예수님께서 십자가에서의 대속으로 인하여 병의 저주를 담당하셨습니다. 예수님께서 우리의 병을 담당하시기 위하여 채찍을 맞으신 것입니다. 십자가에서의 구속 사건으로 주님은 확실하게 우리 병을 고치시는 치료자가 되신 것입니다.

> 그가 찔림은 우리의 허물 때문이요 그가 상함은 우리의 죄악 때문

> 이라 그가 징계를 받으므로 우리는 평화를 누리고 그가 채찍에 맞
> 으므로 우리는 나음을 받았도다 (사 53:5)

> 친히 나무에 달려 그 몸으로 우리 죄를 담당하셨으니 이는 우리로
> 죄에 대하여 죽고 의에 대하여 살게 하려 하심이라 그가 채찍에
> 맞음으로 너희는 나음을 얻었나니 (벧전 2:24)

신유의 역사는 오늘날에도 계속된다

예수님의 신유 사역은 예수님이 승천하심으로 끝난 것이 아니라 그분의 사역은 아직도 지속되고 있습니다. 사도행전에서 예수님이 하시던 일들이 지속되어지고 있는 것을 볼 수 있습니다(행 1:1).

주님께서는 지상에 계실 때 신유 사역의 본을 보이셨습니다. 그리고 신유의 역사는 하나님의 축복이라는 것을 알게 해 주셨습니다. 예수님께서 아버지께로 돌아가시기 전에 모든 믿는 자들에게 표적이 따를 것이며 병을 고치게 될 것이라고 하셨습니다.

> 믿는 자들에게는 이런 표적이 따르리니 곧 그들이 내 이름으로 귀
> 신을 쫓아내며 새 방언을 말하며 뱀을 집어올리며 무슨 독을 마실

지라도 해를 받지 아니하며 병든 사람에게 손을 얹은즉 나으리라 하시더라 (막 16:17-18)

너희가 내 이름으로 무엇을 구하든지 내가 행하리니 이는 아버지로 하여금 아들로 말미암아 영광을 받으시게 하려 함이라 내 이름으로 무엇이든지 내게 구하면 내가 행하리라 너희가 나를 사랑하면 나의 계명을 지키리라 (요 14:13-15)

이 말씀을 하신 후 예수님께서 어디론가 사라지셨습니다. 다시 천사와 같이 천국창고들을 보면서 걸었습니다. '주님, 천국창고가 얼마나 많은지요?' 하고 마음 속으로 주님께 여쭤보았습니다. 주님께서 내 심령 속으로 말씀하셨습니다.

"캐더린, 병 낫기를 위해 기도할 때에 내 이름으로 기도하여라. 병을 고치는 이는 사람이 아니라 바로 내가 병을 고치는 것이란다. 눈과 발이 낫도록 내게 구하면 내가 고칠 것이니라. 구부러진 곳이 펴지도록 내게 구하면 내가 펴겠다. 무엇이든지 내 이름으로 구하는 것은 내가 시행할 것이니라. 이 천국창고에는 수많은 기도 응답들이 기다리고 있단다."

예수님께서 강조하여 말씀하시기를 주의 백성들을 위하여 죄인들을 위한 수많은 축복이 천국창고에 쌓여 있다고 하셨습니다. 그리고 조금 있으면 지구상에 신유의 역사가 폭포수처럼 일어날 것이라고 하셨습니다. 주님이 말씀하신 폭포수와 같은 신유의 역사가 지금도 여러 곳에서 많이 일어나고 있지 않나 생각됩니다. 나는 주님을 찬양했습니다.

"우리의 육체를 치료하시는 주님, 이 얼마나 놀라운 일인지요?"

우리의 육체는 나이가 들어갈수록 닳아지고 쇠약해져 갑니다. 이는 우리의 죄로 말미암아 온 것입니다. 우리가 이 땅에 사는 동안 이것을 피할 수는 없습니다. 그러나 하나님은 우리가 나이 들어 침대에만 누워 있는 나약한 인생을 살기를 원치 않으십니다. 우리가 계속하여 활동적이고 생산적인 인생을 살기를 원하십니다.

예수님께서 십자가에서 죽으시고 부활하심으로 비로소 우리는 온전해진 것입니다. 하나님의 아들이신 예수님이 십자가에서 흘린 보혈로 말미암아 지옥갈 우리 영혼이 구원을 받았습니다. 예수님이 하나님의 아들이시며, 우리의 구주되심을 마음으로 믿고 입술로 시인하는 자에게는 희망이 있습니다.

지상에 있는 모든 영혼들의 희망은 예수 그리스도 이십니다. 우리의 병을 짊어지시기 위하여 예수님께서 고통을 당하셨습니다. 우리의 특권, 축복, 희망, 건강은 예수님 안에 있습니다. 육체적 건강한 삶도 예수님 안에 있을때만 가능한 것입니다.

성도 여러분! 아직 사용되지 않은 축복들이 천국창고에 엄청나게 쌓여있습니다. 이 축복들은 기도로 청구하면 받게 되어 있습니다. 기도로 침노하는 자들이 소유하게 될 것입니다. 입을 크게 벌리는 자, 믿음으로 간구하는 자들의 것입니다. 예수 이름으로 기도해 보십시오. 언제든지 갖다 쓸 수 있습니다! 주님이 지상에 계실 때 말씀하셨습니다.

"내가 너희를 위하여 거처를 예비하러 가노라(요 14:2)!"

주님은 예비하시는 분이십니다. 우리 하나님은 여호와 이레의 하나님, 우리를 위해 미리 준비하시는 세밀하시고 전지전능하신 멋있는 하나님이십니다.

나는 이 책에 간증을 글로 써 내려가면서 천국에 갔던 그때와 천국에서 보았던 것들에 대한 기억으로 인하여 다시 한번 스릴을 느낍니다. 내게 주신 은혜에 대하여 진심으로 하나님께 감사를 드립니다.

5 천국의 질서

　천국은 바쁜곳입니다. 사람들이 분주하게 움직이며 일도 하지만 재미있는 것들이 가득차 있기도 합니다. 천사들도 항상 움직이며 일을 합니다. 천사들은 유능하고 부지런해 보였습니다.

　천사가 천국에서 어떻게 일하는지 그리고 무슨 일을 하는지 이 장에서 기록하고자 합니다. 그들은 행복하고 즐거워 보였으며 결코 피곤하거나 슬퍼 보이지 않았습니다. 천사들은 항상 하나님을 찬양하고 있었습니다.

　구속 받은 성도들도 천국에서 바쁜 삶을 살아가고 있었습니다. 항상 할 일들을 가지고 있었습니다. 정확하게 그들이 어떤 일을 하는지 구체적으로는 잘 모릅니다. 그러나 어느 누구도 게으르게 놀고 있거나 한가하게 앉아 있지 않았습니다. 모두들 기쁘고 즐거운 상태에서 자기의 맡은 바 사명을 잘 감당하고 있었습니다. 하나님께서 맡기신 일들을 잘 감당하면서도 여전히 그들의 입술에서는 하나님을 찬양하는 소리가 끊이지 않았습니다.

천사들은 세계 각지에서 보고서를 가지고 천국으로 들어오고 있었습니다. 그들은 각 교회 예배와 기도 모임에 참석하고 오는 길이었습니다. 지상에서 천사들이 활동하는 것을 보았는데 항상 그들의 손에는 하얀색 두루마리 종이가 들려 있었고 두루마리 종이 가장자리는 금으로 입혀 있었습니다. 각자가 기록한 종이들을 가지고 천국에 올라와서는 천사들끼리 서로 이야기를 나누고 있었습니다.

천국의 인구

천국의 어떤 영역에서 보았던 사람들 중에 아름다운 하얀색 세마포를 입은 사람들을 보았는데 그들을 보면서 이사야서에 기록된 성경 구절이 생각났습니다.

> 내가 여호와로 말미암아 크게 기뻐하며 내 영혼이 나의 하나님으로 말미암아 즐거워하리니 이는 그가 구원의 옷을 내게 입히시며

> 공의의 겉옷을 내게 더하심이 신랑이 사모를 쓰며 신부가 자기 보
> 석으로 단장함 같게 하셨음이라 (사 61:10)

이들의 외모는 너무 아름다워 보였습니다. 특별한 사람들인 것 같았는데 전 세계 각지에서 올라온 것 같았습니다.
성경은 기록하고 있습니다.

> 이 일 후에 내가 보니 각 나라와 족속과 백성과 방언에서 아무도
> 능히 셀 수 없는 큰 무리가 나와 흰 옷을 입고 손에 종려 가지를
> 들고 보좌 앞과 어린 양 앞에 서서 (계 7:9)

천국을 보면서 오랫동안 지워지지 않았던 사실은 천국에도 질서가 있다는 것입니다.

천국에 있는 거룩한 하나님의 동산을 걸으면서 하나님을 찬양하고 있는 가족들을 보았습니다. 너무나 아름다운 모습이 아닐 수 없었습니다. 어느 누구도 이들의 얼굴에 있는 기쁨과 행복을 막을 수 없었습니다. 이 가족들은 진심으로 주님 앞에서 기뻐하고 즐거워하고 있었습니다. 천국에서 이루어지는 일들은 그것이 개인적인 것이든, 단체로 이루어지는 것이든지 질서있게 이루어 집니다. 그래서 천국은 미완성이나 불량품이 없는 곳이기도 합니다.

천국에서의 일들은 완벽하게 진행되고 이루어집니다. 지

상에서 다시 고치고 나중에 손질해야 하는 개념과는 거리가 아주 멉니다. 완벽한 기쁨과 평강이 천국에 있는 모든 자들의 가슴과 영혼과 육체를 채워줍니다.

완벽한 질서

천국에는 완벽한 질서가 존재합니다.

천사들과 성도들은 기쁨 속에서 천국의 일을 쉼 없이 훌륭하게 해 냅니다. 한 사람도 게으르게 행동하거나 싫증내는 사람이 없습니다. 하나님의 자녀들, 천사들, 천국의 모든 피조물들이 밤낮으로 쉼 없이 영원토록 하나님을 섬기는 일을 합니다.

우리가 성도의 부활을 맞이하면 신령한 새 육체를 입게 됩니다. 부활을 통하여 새 육체를 입게되면 우리는 절대로 피곤하거나 약해지지 않습니다. '피로' 라는 단어가 아예 존재하지 않을 것입니다. 초인간적이고 영광의 육체를 입은 우리들은 기력을 잃어버리는 일은 없습니다. 영원이라는 시간의 개념 속에서는 지상의 시간개념이 정지됩니다. 우리의 육체는 더 이상 환경의 지배를 받지 않게 됩니다. 육체가 환경의 지배를 받지 않게 되니 환경이 우리의 마음이나 의지를 꺾을 수 없게 됩니다.

천국에서의 즐거움과 거룩한 사역에 동참하기 위해서는 자격을 갖춰야 합니다. 이것이 성경에서 말하는 '거듭남'입니다. 물과 성령으로 거듭나야만 주의 나라에 들어갈 수 있습니다. 베드로후서 1장 4절에서는 우리가 "신성한 성품에 참여하는 자"가 되어야 한다고 말하고 있습니다.

> 그의 신기한 능력으로 생명과 경건에 속한 모든 것을 우리에게 주셨으니 이는 자기의 영광과 덕으로써 우리를 부르신 이를 앎으로 말미암음이라 이로써 그 보배롭고 지극히 큰 약속을 우리에게 주사 이 약속으로 말미암아 너희가 정욕 때문에 세상에서 썩어질 것을 피하여 신성한 성품에 참여하는 자가 되게 하려 하셨느니라
>
> (벧후 1:3-4)

천국의 건물은 하나님에 의하여 디자인 되고 건설되어 집니다. 천국의 건물은 일단 건축되면 수리하거나 다시 지을 필요가 없이 영원토록 존재하게 됩니다.

한 번은 천국에 있는 한 도시를 보았습니다. 지상에 있는 도시와는 비교할 수 없을 정도로 한 블록마다의 크기는 컸으며 거기에 있는 빌딩들은 너무나 컸습니다. 빌딩의 꼭대기는 각가지 보석으로 만든 왕관으로 장식이 되어 있었습니다.

'도대체 저 안에 얼마나 많은 사람들이 있길래 저렇게 큰 빌딩이 있을까?' 하고 생각해 보았습니다. 이런 빌딩들이 한

두개가 아니었습니다. 한 번도 지상에서는 그토록 큰 빌딩을 본 적이 없었습니다. 너무나 웅장하고 장엄한 빌딩들! 우리의 상상을 초월하는 장관이었습니다.

우리가 이 땅에서 주를 위해 하는 모든 일들은 하늘의 상으로 쌓인다고 누가복음 18장 22절에서 기록하고 있습니다.

> 예수께서 이 말을 들으시고 이르시되 네게 아직도 한 가지 부족한 것이 있으니 네게 있는 것을 다 팔아 가난한 자들에게 나눠 주라 그리하면 하늘에서 네게 보화가 있으리라 그리고 와서 나를 따르라 하시니 (눅 18:22)

> 하나님 앞에서 자기 보좌에 앉아 있던 이십사 장로가 엎드려 얼굴을 땅에 대고 하나님께 경배하여 이르되 감사하옵나니 옛적에도 계셨고 지금도 계신 주 하나님 곧 전능하신 이여 친히 큰 권능을 잡으시고 왕 노릇 하시도다 이방들이 분노하매 주의 진노가 내려 죽은 자를 심판하시며 종 선지자들과 성도들과 또 작은 자든지 큰 자든지 주의 이름을 경외하는 자들에게 상 주시며 또 땅을 망하게 하는 자들을 멸망시키실 때로소이다 하더라 (계 11:16-18)

> 그 날에 기뻐하고 뛰놀라 하늘에서 너희 상이 큼이라 그들의 조상들이 선지자들에게 이와 같이 하였느니라 (눅 6:23)

보라 내가 속히 오리니 내가 줄 상이 내게 있어 각 사람에게 그가 행한 대로 갚아 주리라 (계 22:12)

하나님의 불병거들(불마차들)

"자, 가서 하나님의 영광을 봅시다."

나를 안내하는 천사가 말하자 우리는 함께 다른 곳을 보기 위해 장소를 옮겼습니다. 다음에 본 것은 불마차였습니다.

불마차마다 네개의 큰 바퀴를 가지고 있었으며 바퀴는 다이아몬드, 루비, 에메랄드 등의 아름다운 보석으로 장식되어 있었습니다. 앞 부분은 낮았으며 운전석이 있는 곳은 훤히 열려 있었고 뒤로 갈수록 높아졌습니다. 마차가 불 위에 놓여 있는 듯 하였으나 타지는 않았습니다.

천국에서의 육체들

천국에서 보았던 사람들은 아름다워 보였습니다. 그들의 육체에는 어떤 흠이나 상처가 없었으며 모두 온전해 보였습니다. 그들은 빛이 났고 모두 미남이요, 미녀였습니다.

지상에서 사람들은 말합니다.

"글쎄, 우리가 죽으면 아마 연기나 수증기처럼 되겠지."

그러나 아닙니다. 천국에 가면 우리의 육체는 완벽하고 온전하게 됩니다. 구약시대에 나오는 장로들도 천국에서 아름다운 모습으로 성도들 중에 있었습니다.

> 또 보좌에 둘려 이십사 보좌들이 있고 그 보좌들 위에 이십사 장로들이 흰 옷을 입고 머리에 금관을 쓰고 앉았더라 (계 4:4)

하나님께서 그들에게 영생을 주셨습니다. 그들도 둘째 부활시에 영광의 새 육체를 받게 될 것입니다.

성도 여러분! 천국은 행복으로 충만한 곳입니다. 나는 천국에 있으면서 지상에 있는 집 생각이 나지 않았습니다. 주님의 기쁨으로 기뻐하였으며 주님의 아름다우심에 매료되어 있었습니다.

천국에는 어둠이 없습니다. 영광과 권세와 권능으로 충만하였으며 특히 보좌 가까이 갈수록 더 강해졌습니다. 생명수의 강이 보좌 밑에서부터 흘러 나와서 유리 바다처럼 아름답게 흘러갔습니다.

> 또 그가 수정 같이 맑은 생명수의 강을 내게 보이니 하나님과 및 어린 양의 보좌로부터 나와서 (계 22:1)

나를 안내하는 천사를 따라 계속 여행을 시작했습니다. 내 몸이 들려지더니 천사의 안내를 따라 어디론가 올라갔습니다. 하나님을 찬양하는 소리가 더 크게 들려왔습니다. 음악 소리도 더욱 크게 들려 왔습니다. 너무나 아름다운 음악 소리였습니다. 환희와 기쁨의 소리가 사방에서 메아리쳐왔습니다. 나를 안내하는 천사가 말했습니다.

"우리는 지금 보좌로 가고 있습니다."

"오, 나의 하나님! 이 얼마나 영광스럽고 아름다운 보좌인지요!"

하나님이 말씀하실 때

하나님께서 말씀하실 때 키가 3.6m에서 4.5m정도 되는 열두 명의 천사들이 보좌 앞에 서 있는 것이 보였습니다. 그들이 부는 나팔 소리 또한 얼마나 아름다웠는지요!

천사들 옷 앞면은 각가지 아름다운 보석으로 장식되어 있었습니다. 이 천사들에게서 천국 분위기를 느낄 수 있었습니다.

주님이 말씀하시기 전에 천사들이 먼저 나팔을 불음으로 하나님의 말씀이 있을 것을 미리 알렸습니다.

> 보좌로부터 번개와 음성과 우렛소리가 나고 보좌 앞에 켠 등불 일곱이 있으니 이는 하나님의 일곱 영이라 (계 4:5)

주께서 말씀하시거나 메시지를 선포하실 때 얕은 구름이 보좌에서 올라오는 것을 보았습니다. 보좌가 있는 중앙에 하나님께서 영광의 구름 가운데 거하시고 계셨습니다.

하나님께서 말씀하실 때 그의 목소리는 많은 물 소리(계 14:2)와 같았습니다. 하나님은 그의 아들의 피에 대하여 말씀하셨습니다. 그리고 예수님의 피가 어떻게 우리 죄를 사하는지를 알려 주셨습니다. 예수님의 피가 우리의 모든 죄를 사한다고 말씀하셨습니다(요일 1:7). 예수님의 보혈로 초청도 하였습니다.

> 성령과 신부가 말씀하시기를 오라 하시는도다 듣는 자도 오라 할 것이요 목마른 자도 올 것이요 또 원하는 자는 값없이 생명수를 받으라 하시더라 (계 22:17)

말씀하시기를 그의 아들의 피가 우리 모든 사람의 죄를 깨끗하게 하였으며 십자가에서의 예수님의 죽음은 우리에게 영생을 가져다 주었다고 하셨습니다. 예수님께서 우리의 죗값을 치루셨다고 하셨습니다.

우리는 그리스도 안에서 그의 은혜의 풍성함을 따라 그의 피로 말미암아 속량 곧 죄 사함을 받았느니라 (엡 1:7)

그 아들 안에서 우리가 속량 곧 죄 사함을 얻었도다 (골 1:14)

또 충성된 증인으로 죽은 자들 가운데에서 먼저 나시고 땅의 임금들의 머리가 되신 예수 그리스도로 말미암아 은혜와 평강이 너희에게 있기를 원하노라 우리를 사랑하사 그의 피로 우리 죄에서 우리를 해방하시고 (계 1:5)

하나님의 음성을 직접 듣는 것은 참으로 나를 흥분케 만들었습니다. 그 음성을 듣는 것만으로도 너무나 기뻤습니다. 하나님의 음성 하나하나를 다 이해할 수 있었습니다.

"오 나의 하나님, 이 얼마나 아름다우신지요! 여호와 이레의 준비하시는 하나님! 우리를 위하여 모든 것을 만드신 주님. 자기를 사랑하는 자들을 위하여 모든 것을 예비하시는 하나님을 찬양하나이다(고전 2:9)."

정말 천국은 있습니다

정말 천국은 있습니다. 천국에는 사람들도 정말 있습니

다. 천사들도 실제로 있습니다. 천국의 모든 것이 아름다우며 실존하는 존재들입니다. 언젠가 우리는 천국을 유산으로 물려 받을 것이며 계속하여 주님을 섬기게 될 것입니다.

천국을 이야기하고 그곳에서 보았던 영광을 이야기하는 것만으로도 내게는 큰 기쁨이 아닐 수 없습니다. 내가 주님을 섬길 수 있다는 것에 참으로 감사함을 느낍니다. 지옥에 갈 내 영혼을 구원하신 예수님께 진심으로 감사드립니다. 예수님의 보혈로 깨끗함을 받고 거듭나고 예수님을 내 구주로 모시게 됨을 진심으로 하나님께 감사드립니다.

우리는 진심으로 거듭나야 합니다. 여러분의 죄를 보혈로 깨끗함을 받아야 합니다. 예수님을 여러분의 구주로 영접하시기 바랍니다. 예수님이 하나님의 아들이신 것과 우리를 구하시기 위해 하나님께서 아들 예수 그리스도를 보내셨으며 동정녀인 마리아를 통하여 나시고 거룩하신 하나님의 아들로서 우리를 지옥에서 구속하시기 위해 이 땅에 오셨다는 것을 믿으셔야 합니다.

예수님께서 십자가에서 죽으심으로 우리의 죗값을 치르셨음을 믿어야 합니다.

6
어린이들에게 일어나는 일

어린이들에 대한 예수님의 관심을 성경 말씀에서 찾아볼 수 있습니다.

> 예수께서 이르시되 어린 아이들을 용납하고 내게 오는 것을 금하지 말라 천국이 이런 사람의 것이니라 하시고 (마 19:14)

> 이르시되 진실로 너희에게 이르노니 너희가 돌이켜 어린 아이들과 같이 되지 아니하면 결단코 천국에 들어가지 못하리라
> (마 18:3)

내가 진실로 너희에게 이르노니 누구든지 하나님의 나라를 어린 아이와 같이 받들지 않는 자는 결단코 그 곳에 들어가지 못하리라 하시고 (막 10:15)

누구든지 내 이름으로 이런 어린 아이 하나를 영접하면 곧 나를 영접함이요 누구든지 나를 영접하면 나를 영접함이 아니요 나를 보내신 이를 영접함이니라 (막 9:37)

구약에서도 말씀하고 계십니다.

너희는 이 일을 너희 자녀에게 말하고 너희 자녀는 자기 자녀에게 말하고 그 자녀는 후세에 말할 것이니라 (욜 1:3)

천국에 대한 다음의 묘사는 많은 사람들을 기쁘게 할 것이며 어떤 사람들은 비판을 할지도 모릅니다. 하지만 다음의 이야기는 실제로 내 천국 방문 때 일어났던 일입니다.

나는 키가 큰 천사와 함께 있었는데 그 천사는 삼각형 모양의 힘 있는 무지개 빛 날개를 가지고 있었으며 빛나는 하얀색 세마포 옷에 금실처럼 보이는 머리털을 가지고 있었습니다. 천사의 모양은 아름답고 영화롭게 보였습니다. 빛과 권능이 그 위에 있는 듯 하였습니다. 그는 내게 말했습니다.

"자, 와서 하나님의 영광을 봅시다. 어린이들이 죽으면 어디로 가며 무슨 일이 그들에게 일어나는지를 당신에게 보여 주라는 하나님의 명을 받았습니다."

여기에서 한가지를 분명하게 하고 싶습니다. 주님께서 지옥을 보여 주실 때 지옥에서 어린이들이나 아기들을 한 번도 본 적이 없다는 것입니다. 어떤 신학자들은 여기에 대하여 동의하지 않을 수도 있습니다. 하나님의 천사가 어린이들이 어디로 가는지 내게 보여준 것을 말하고자 합니다.

나는 하나님을 찬양하며 나를 안내하는 천사와 함께 가고 있었습니다. 우리는 아주 높은 곳으로 올라갔습니다. 어느 정도 가다가 천사는 내게 말했습니다.

"나는 당신에게 이것을 꼭 보여 주어야 합니다."

기억하는 것도 하나님의 허락하심 속에서

천사의 안내를 따라 천국의 많은 부분을 보고 들었으나 기억나는 것이 있고 기억나지 않는 것들이 있었습니다. 나중에 알고 보니 내가 기억해야 될 것이 있고 해서는 안될 것이 있다고 했습니다. 나는 허락된 것만 기억할 수 있었습니다.

다니엘은 꿈과 이상에 대해 해석할 수 있는 능력을 가지고 있었습니다. 다니엘은 본 것마다 해석할 수 있는 능력을 받았지만 나는 천국에 가서 많은 것을 보았으나 알 수 없는 것들이 너무 많았습니다. 여러 곳을 다녀보았지만 가장 인상이 깊었던 곳은 아기들과 어린이들이 있던 곳이었습니다.

배 속에서 죽은 아기들

천사는 나를 데리고 어디론가 갔습니다. 거기에는 병원이 하나 있었습니다. 병실 안에는 여자 한 분이 있었습니다.

천사는 내게 알려주었습니다.

"이 여자 분은 3개월 된 아기를 유산하였습니다."

그 여자 분 옆에는 두 명의 천사들이 있었고 천사들의 손에는 대리석과 진주로 만들어진 듯한 바구니가 들려 있었습니다. 바구니는 입구만 열려 있고 밑으로 내려갈수록 닫혀 있는 아름다운 바구니였습니다. 천사들은 하나님을 찬양하고 있었고 나는 그 소리를 들을 수가 있었습니다.

아기가 유산되고 죽자 연기와 같이 영혼이 빠져나왔습니다. 그러자 천사들이 그 아기의 영혼을 붙들어서 바구니 속에 넣고는 바구니를 닫았습니다. 그리고 천사들이 한 손을 하늘을 향해 들며 하늘을 바라보자 천국을 향해 날아오르기 시작했습니다. 천사들은 쉬지 않고 만왕의 왕이요 만주의 주가 되시며 우주 만물을 창조하신 하나님을 찬양하며 영광을 돌렸습니다. 그들은 외쳤습니다.

"하나님께 영광을!"

그 천사들은 우리 옆을 지나가며 따라오라고 하였습니다. 천국 문을 지나서 어디론가 갔습니다. 지금까지 한 번도 본 적이 없는 너무나 아름다운 곳이었습니다. 천국에서 다시 위로 계속 올라갔습니다. 보좌가 나타나고 찬양 소리와 음악 소리가 들려왔습니다. 보좌는 찬양 활동이 가장 왕성하고 힘 있게 진행되는 곳입니다. 이번에는 왼쪽 방향에서 보좌로 접근하는 듯 하였습니다. 보좌가 새롭게 느껴졌으며 또 다른 아름다운 모습을 볼 수 있었습니다.

천사들의 활동에 대한 기록들이 성경에 많이 있습니다.

> 능력이 있어 여호와의 말씀을 행하며 그의 말씀의 소리를 듣는 여호와의 천사들이여 여호와를 송축하라 (시 103:20)

> 여호와의 천사가 주를 경외하는 자를 둘러 진 치고 그들을 건지시는도다 (시 34:7)

> 큰 지진이 나며 주의 천사가 하늘로부터 내려와 돌을 굴려 내고 그 위에 앉았는데 그 형상이 번개 같고 그 옷은 눈 같이 희거늘 (마 28:2-3)

천사들이 사람들을 안내하면서 천국으로 데리고 들어왔습니다.

> 이에 그 거지가 죽어 천사들에게 받들려 아브라함의 품에 들어가고 부자도 죽어 장사되매 (눅 16:22)

하나님의 천사들

나는 천국에서 본 천사들의 활동들을 성경을 보면서 다시금 확인할 수 있었습니다.

보좌 옆에서 듣는 우렁찬 찬양 소리와 아름다운 음악 소리에 넋을 잃었습니다. 들을 때마다 새롭게 다가오는 느낌에 온 몸이 전율되었습니다. 보좌 주위에서 듣는 찬양 소리는 세상 언어로 감히 표현할 수 없는 우리의 상상을 초월한 수준이었습니다. 제가 여러분께 드릴 수 있는 유일한 말은 이 말 뿐입니다.

"한번 와서 들어 보십시오."

보좌 주위에는 천둥과 번개와 무지개가 있었습니다. 영광의 구름이 보좌를 가리우고 있었고 그 안에 사람의 형상을 가진 분이 계셨습니다. 천사들이 바구니를 보좌 앞에 내려놓고 하나님께 엎드려 인사를 드렸습니다. 그러자 찬양의 소리가 사방에서 들려왔습니다.

"하나님께 영광!", "할렐루야!"

보좌가 있는 곳은 큰 운동 경기장처럼 넓었습니다. 보좌에 있는 큰 천사들이 발표할 일이 있을때마다 나팔을 불었습니다.

하나님을 직접 뵐 수는 없었습니다. 하지만 하나님께서 하시는 일은 출애굽기의 모세에게 하신 일과 유사성이 보였습니다(출 33:17-23).

하나님의 보좌에서 손이 나와서 바구니를 여셨습니다. 바구니에는 지상에서 죽은 아기 영혼이 들어 있었으며 그 영혼을 바구니에서 꺼내시더니 제단 위에 올려 놓으셨습니다. 하나님께서 아기 영혼 위에 두 손을 올려 놓으시고 작업을 시작하셨습니다. 일을 다 마치셨을 때는 가장 아름답고 잘 생긴 인간의 모습으로 변해 있었습니다. 그 영혼은 계속해서 자라기 시작하더니 지금까지 본 사람 중 가장 잘생긴 남자의 모습으로 변해 있었습니다. 이 얼마나 놀라운 하나님의 창조의 능력이며 권능입니까! 이러한 하나님의 권능으로 인하여 눈이 부셨습니다.

하나님의 돌보심 속에서

천국에서는 죄의 결과로 나타나는 흠이나 현상은 없습니다. 주님께서는 말씀하셨습니다.

"천국에는 불량품이나 미완성의 작품은 없단다. 첫째 아담의 죄의 결과에 의해 일어난 병과 저주와 가난은 둘째 아담에 의하여 완전해졌느니라."

지상에서는 평생 소경이었다 할지라도 천국에서는 정상인처럼 볼 수 있게 됩니다. 지상에서 신체가 불완전하거나 흠이 있었던 자들이라 할지라도 천국에 오면 모든 것이 온전하게 회복되어 집니다. 천국에서 흠이 있는 분이 한 분 계십니다. 다름 아닌 우리를 위해 손과 발에 못 박히고 창에 찔리시고 십자가에서 죽으시고 부활하신 예수님이십니다.

예수님께서 이 상처들을 가지고 계신 이유는 우리가 천국에서 그것을 볼 때마다 하나님의 은혜를 잊지 말라는 뜻입니다. 우리를 구속하셨고 우리 죗값을 치르신 것을 영원토록 잊지 말라는 것입니다.

하나님의 머리카락의 색은 흰 양털 같았습니다(계1:14). 새로 지음을 받은 영혼 속에 호흡을 불어넣어 주시는 작업을 하실 때 볼 수 있었습니다. 코에 생기를 불어넣으시니 완벽한 피조물이 되었습니다. 순간에 사방에서 천사들의 찬양 소리가 흘러 나왔습니다.

평상시 아기들이나 어린아이들에 대해 궁금하게 생각했던 점들이 사라졌습니다. 그들이 죽으면 하나님의 손으로 안내 되어지고 완벽한 피조물로 변화된다는 것을 알았습니다.

천국 안에는 각종 열매가 열린 아름다운 나무들이 사방에 심겨져 있었습니다. 또한 갖가지 꽃들이 피어 있었으며 여러 종류의 새들이 있었습니다. 천국의 아름다움이란 이루 말로 표현할 수 없었습니다.

영광의 찬양 소리가 들려왔습니다. 길고 하얀 세마포를 입은 천사 하나가 문 옆에 서 있었습니다. 그의 앞에는 책상 하나가 있었습니다. 긴 세마포를 입은 천사가 책상에 있는 금으로 된 책 한 권을 들더니 다른 천사에게 건네주었습니다. 책을 받은 천사가 책을 열었습니다. 책을 펴자마자 책 속에서 빛이 발산되어 사방으로 퍼져나갔습니다. 그것은 마치 불꽃놀이를 할 때 빛들이 올라가서 터지는 것 같았습니다. 놀라운 일이 일어났습니다. 빛이 발산될 때 흩어져 있었던 부모들과 가족들이 이곳 천국에 와서 서로 만나지 못하고 있다가 어떤 보이지 않는 힘에 의하여 자동으로 가족끼리 모여지는 것이었습니다. 그들은 서로를 보며 가족임을 확인하고 소리지르며 기뻐서 뛰었습니다.

내가 영문을 몰라 의아해 하고 있자, 천사가 내게 설명해 주었습니다.

"이들은 지금 가족간에 상봉이 이루어지고 있습니다. 서로가 가족이었음을 확인하고 기뻐하는 것입니다."

지상에서 불구자나 장애자였던 사람들이 천국에 오면 신체가 온전한 상태로 회복되어지는 것처럼 이산가족이나 유산이나 사고로 인하여 헤어졌던 가족들이 천국에서 온전한 가정이 되는 것을 보았습니다.

천국에 오면 서로를 알 수 있게 됩니다. 누가 가르쳐 주지 않아도 아브라함, 이삭, 야곱이 누구인지를 자연스럽게 알게 됩니다. 모세를 비롯하여 모든 선지자들도 저절로 알게됩니다. 예수님의 열두 제자도 그냥 알게됩니다. 천국에 오면 누가 누구인지를 알게 됩니다. 하나님께서 우리가 누구인지를 아시는 것처럼 우리도 그냥 알게되는 것들이 있습니다(고전 13:12). 또한, 엄청난 분량의 지식을 갖게 됩니다.

천사가 다시 내게 말했습니다.

"자, 안으로 들어갑시다."

통과하여 들어간 천국 문은 그 어느 문보다도 아름다워 보였습니다. 마치 정원으로 들어가는 문처럼 아름다웠습니다. 문은 대리석이나 하얀 돌로 만들어진 듯 했으며 아름다운 꽃들이 문을 둘러싸고 있었습니다. 문을 통하여 안으로 들어가니 가족들이 서로 상봉하여 기뻐하며 즐거워하고 있었습니다.

천국에서의 가족 상봉

다윗 왕은 죽은 아이가 천국에 가서 자라며 다시 가족끼리 서로 만날 수 있다고 믿은 것 같습니다. 다윗 왕은 밧세바를 강제로 취하여 아내를 삼았습니다. 그 사이에서 난 아이는 태어난지 얼마 안되어 죽었습니다. 다윗 왕은 진지하게 하나님께 회개하였고 하나님께서 그의 죄를 용서해 주셨다는 것을 알았습니다(시 32:5). 다윗은 자신이 하늘나라에 가서 하나님과 영원토록 살 수 있다는 것과 그곳에서 아이를 볼 수 있다는 믿음에서 평강하였던 것 같습니다(시 23:6; 삼하 12:23). 그래서 애통하는 밧세바를 위로할 수 있었던 것 같습니다. 다음에 오는 성경 구절들을 참고해 보시기 바랍니다.

> 다윗이 나단에게 이르되 내가 여호와께 죄를 범하였노라 하매 나단이 다윗에게 말하되 여호와께서도 당신의 죄를 사하셨나니 당신이 죽지 아니하려니와 이 일로 말미암아 여호와의 원수가 크게 비방할 거리를 얻게 하였으니 당신이 낳은 아이가 반드시 죽으리이다 하고 다윗이 그 아이를 위하여 하나님께 간구하되 다윗이 금식하고 안에 들어가서 밤새도록 땅에 엎드렸으니 그 집의 늙은 자들이 그 곁에 서서 다윗을 땅에서 일으키려 하되 왕이 듣지 아니하고 그들과 더불어 먹지도 아니하더라 이레 만에 그 아이가 죽으

니라 그러나 다윗의 신하들이 아이가 죽은 것을 왕에게 아뢰기를 두려워하니 이는 그들이 말하기를 아이가 살았을 때에 우리가 그에게 말하여도 왕이 그 말을 듣지 아니하셨나니 어떻게 그 아이가 죽은 것을 그에게 아뢸 수 있으랴 왕이 상심하시리로다 함이라 다윗이 그의 신하들이 서로 수군거리는 것을 보고 그 아이가 죽은 줄을 다윗이 깨닫고 그의 신하들에게 묻되 아이가 죽었느냐 하니 대답하되 죽었나이다 하는지라 다윗이 땅에서 일어나 몸을 씻고 기름을 바르고 의복을 갈아입고 여호와의 전에 들어가서 경배하고 왕궁으로 돌아와 명령하여 음식을 그 앞에 차리게 하고 먹은지라 그의 신하들이 그에게 이르되 아이가 살았을 때에는 그를 위하여 금식하고 우시더니 죽은 후에는 일어나서 잡수시니 이 일이 어찌 됨이니이까 하니 이르되 아이가 살았을 때에 내가 금식하고 운 것은 혹시 여호와께서 나를 불쌍히 여기사 아이를 살려 주실는지 누가 알까 생각함이거니와 지금은 죽었으니 내가 어찌 금식하랴 내가 다시 돌아오게 할 수 있느냐 나는 그에게로 가려니와 그는 내게로 돌아오지 아니하리라 하니라 다윗이 그의 아내 밧세바를 위로하고 (삼하 12:13-14, 16-24)

주님의 천사가 내게 알려주었습니다.

"임신하는 순간부터 태아는 영혼을 갖게 됩니다. 만약 태아가 유산이나 낙태, 사고로 인하여 죽게 되면 하나님께서 천사를 보내셔서 아기를 천국으로 데려옵니다. 다음에 하나님께서 아기 영혼들을 온전하게 완성하십니다. 낙태로 인한 죽음이든지 자연사이든지 상관없습니다. 하나님의 전능하신 손 위에 올려지면 온전한 인간의 모습으로 변화됩니다.

만약 아기 부모들이 지상에서 예수를 믿고 열심히 신앙생활하면 그들이 천국에 왔을 때 자기 아이들을 다시 만날 수 있게 됩니다. 이들의 가족 상봉은 영광의 천국 문들에서 이루어집니다."

7 보좌에서의 경배

내가 보고 온 천국을 글로써 여러분과 함께 나눌 수 있음을 하나님께 감사드립니다.

천국에서의 체험들은 내 마음을 불타게 만들었습니다. 많은 사람들이 나의 간증을 책으로 낼 수 있도록 격려해 주셨습니다. 내가 지옥에서 보았던 것들, 천국에서 체험했던 것들에 대해 미국과 캐나다의 많은 교회를 다니면서 간증집회를 갖으며 은혜를 나누어 왔습니다. 내가 가지고 있던 간증 가운데 아직 더 할 말들이 많이 있습니다.

천국은 실제로 존재하는 장소이며 사실입니다. 우리가 예수 믿으면 반드시 가는 장소입니다. 사랑하는 사람 중에 여러분보다 먼저 세상을 떠난 사람이 있다면 걱정 마십시오.

언젠가 천국에서 반드시 만나게 될 것입니다. 천국에 있는 영광의 문이라는 곳에 가면 죽은지 아무리 오래되었다 할지라도 그곳에서 친척이나 가족을 만날 수 있게 됩니다. 상심하지 마시고 예수 안에서 희망을 가지기 바랍니다.

제가 이 책을 쓰는 이유 중에 하나도 이런 사정을 가지고 있는 분들을 위로하기 위함입니다. 우리 주님은 우리를 위해 준비하시기 위해 미리 천국으로 가셨습니다. 주님은 준비하시는 여호와 이레의 하나님이십니다.

천국에서 보았던 천사들은 모두 크고 힘있어 보였습니다. 그들은 눈이 부실 정도로 빛이 나는 옷을 입고 있었으며 권능이 있었고 신실해 보였습니다. 오직 하나님께만 마음을 두고 하나님께 순종하며 살아갑니다. 진주로 된 천국 문에 서 있는 천사들은 다른 천사들을 보호하는 것 같았습니다. 그 천사들은 옆구리에 칼을 차고 있었습니다. 나는 생각했습니다.

'하나님께서는 참으로 그의 자녀들을 보호하시는구나! 하나님께 영광을! 할렐루야!'

하나님의 천사들

여러분께서도 알고 계시듯이 성경에서는 천사에 대하여 많이 언급하고 있습니다. 우리가 예수님 안에서 경험한 것들을 성경을 통하여 검증받을 때 우리의 간증이 더 힘있게 되는 경우가 많이 있습니다. 나의 경우도 내가 천국에서 본 천사들의 활동을 성경과 비교해 보았을 때 더욱 성경 말씀에 대한 확신을 느낍니다. 여기에 몇 가지 천사들의 활동을 성경에서 찾아 적어보고자 합니다.

> 그가 너를 위하여 그의 천사들을 명령하사 네 모든 길에서 너를 지키게 하심이라 그들이 그들의 손으로 너를 붙들어 발이 돌에 부딪히지 아니하게 하리로다 (시 91:11-12)

> 주인이 내게 이르되 내가 섬기는 여호와께서 그의 사자를 너와 함께 보내어 네게 평탄한 길을 주시리니 너는 내 족속 중 내 아버지 집에서 내 아들을 위하여 아내를 택할 것이니라 (창 24:40)

> 내가 또 보니 힘 센 다른 천사가 구름을 입고 하늘에서 내려오는데 그 머리 위에 무지개가 있고 그 얼굴은 해 같고 그 발은 불기둥 같으며 (계 10:1)

이 일 후에 다른 천사가 하늘에서 내려 오는 것을 보니 큰 권세를 가졌는데 그의 영광으로 땅이 환하여지더라 (계 18:1)

사람이 죽은 자 가운데서 살아날 때에는 장가도 아니 가고 시집도 아니 가고 하늘에 있는 천사들과 같으니라 (막 12:25)

천사가 하늘로부터 예수께 나타나 힘을 더하더라 (눅 22:43)

모든 천사들은 섬기는 영으로서 구원 받을 상속자들을 위하여 섬기라고 보내심이 아니냐 (히 1:14)

내가 너희에게 이르노니 이와 같이 죄인 한 사람이 회개하면 하나님의 사자 앞에 기쁨이 되느니라 (눅 15:10)

다시 나는 천국을 보는 것이 허락되어져 천국을 방문하게 되었습니다. 천국을 방문할 때마다 느끼는 것은 지상에서 맛볼 수 없었던 참 평강과 기쁨을 느낄 수 있었습니다. 이루 말로 표현할 수 없는 참 기쁨과 평강이 내게 밀려왔습니다.

천국의 찬양과 음악은 또 어떠한지요? 이 세상 어디에서 이런 음악과 찬양을 들을 수 있단 말입니까? 신의 경지에 이른 찬양이요, 음악이었습니다. 에덴동산에서의 타락 이후 참 평강과 기쁨은 사라졌으나 천국에서는 이러한 것들을 느끼고 누리게 됩니다.

　이 땅에는 질병과 고통이 있지만 천국에는 없습니다. 지상에는 휠체어가 있지만 천국에는 없습니다. 지상에는 장애자, 불구자들이 있지만 천국에는 없습니다. 천국에는 질병이 없습니다. 모든 것이 완벽하고 아름답습니다.

　천국에는 타락이 없습니다. 죄가 없습니다. 죄인은 천국에 들어갈 수 없습니다. 예수님의 피로 깨끗함을 받은 자만이 들어갈 수 있습니다. 예수님을 믿음으로만 들어갈 수 있습니다.

장관

　천사의 안내를 따라 우리는 신속하게 움직였습니다. 생명의 강가에 심어져 있는 생명 나무들 사이로 지나갔습니다. 생명 나무에는 진귀한 열매들이 주렁주렁 열려 있었습니다.

　계속 움직일 때마다 마치 우리들이 음악 속으로 파고드는 것 같았습니다. 천국에서는 쉬지 않고 음악 소리와 찬양 소리가 울려퍼지고 있었으며 항상 새로운 곡들이 연주되고 찬양으로 울려퍼지고 있었습니다.

　나를 안내하는 천사가 말했습니다.

　"우리는 지금 하나님의 보좌에서 하나님을 어떻게 경배하는지를 보러 갑니다."

우리가 보좌를 향하고 있을 때, 수 백명의 무리들이 동시에 보좌로 가고 있었습니다. 그들도 나와 마찬가지로 왕의 왕이 되시고 만주의 주가 되시는 하나님을 경배하러 가는 것이었습니다.

천국에서의 경배

우리는 가면서 더 많은 사람들이 하나님을 경배하러 오고 있음을 알았습니다. 수백의 사람들이 수천이 되고 수천의 사람들이 셀 수 없을 만큼 많은 사람들로 모여 들었습니다. 천국 외에 다른 동네에서 많은 사람들이 오는 듯 하였습니다.

보좌가 있는 곳은 마치 축구 경기장처럼 생긴 운동장처럼 보였습니다. 요한이 이를 기록하고 있었습니다.

> 내가 곧 성령에 감동되었더니 보라 하늘에 보좌를 베풀었고 그 보좌 위에 앉으신 이가 있는데 앉으신 이의 모양이 벽옥과 홍보석 같고 또 무지개가 있어 보좌에 둘렸는데 그 모양이 녹보석 같더라 또 보좌에 둘려 이십사 보좌들이 있고 그 보좌들 위에 이십사 장로들이 흰 옷을 입고 머리에 금관을 쓰고 앉았더라 보좌로부터 번개와 음성과 우렛소리가 나고 보좌 앞에 켠 등불 일곱이 있으니

> 이는 하나님의 일곱 영이라 (계 4:2-5)

> 이십사 장로들이 보좌에 앉으신 이 앞에 엎드려 세세토록 살아 계시는 이에게 경배하고 자기의 관을 보좌 앞에 드리며 이르되 우리 주 하나님이여 영광과 존귀와 권능을 받으시는 것이 합당하오니 주께서 만물을 지으신지라 만물이 주의 뜻대로 있었고 또 지으심을 받았나이다 하더라 (계 4:10-11)

보좌 위에는 구름들이 모여 있었는데 그 구름들은 참으로 아름답게 보였습니다. 구름의 모양은 버섯형이었으며 구름 위에는 오색찬란한 무지개가 오작교 모양으로 서 있었습니다. 구름의 각 색깔은 하나님의 영광의 빛으로 물들여져 너무나 아름다웠습니다. 구름 한 가운데 보좌에 앉으신 이는 하나님의 형상이심을 바로 알아볼 수 있었습니다. 수천 년 전에 하나님께서는 그분의 형상을 따라 우리를 지으신 것입니다.

> 하나님이 자기 형상 곧 하나님의 형상대로 사람을 창조하시되 남자와 여자를 창조하시고 (창 1:27)

문자 그대로 하나님께서 흙을 가지고 인간을 만드신 것입니다. 이것이 하나님의 창조의 능력이십니다.

> 여호와 하나님이 땅의 흙으로 사람을 지으시고 생기를 그 코에 불어넣으시니 사람이 생령이 되니라 (창 2:7)

아담이 독처함을 불쌍히 여기신 하나님은 아담을 위하여 아담의 갈빗대로 여자를 만드시고 짝을 지어주셨습니다. 이 여자를 '하와'라 하며 '아담을 돕는 자(창 2:20)'라 칭하셨습니다. 하와는 아담의 일생동안 옆에서 동행하며 돕는 자입니다. 이들은 하나님의 형상(창 1:27)을 닮은 자들입니다. 우리 인간이 하나님의 형상을 닮았다는 것이 이 얼마나 놀랍고 영광스러운 일입니까!

왕을 위한 준비

천국에서 하나님께 드리는 예배를 통하여 하나님의 아름다우심과 거룩하심을 느낄 수가 있었습니다.

보좌에 있는 집회 장소에 도착했을 때 그곳은 사람들과 천사들로 꽉 차 있었습니다. 한가지 놀란 일은 이들의 하는 행동들이 모두가 질서있게 이루어 진다는 점입니다. 보좌 밑에서 발원한 생명수의 강은 유유히 유리강처럼 흘러갔습니다.

다음에 내 눈에 들어온 것은 대리석으로 빚은 듯이 아름다운 말들이었습니다. 이들은 체스 장기를 둘 때 쓰는 말처럼 한 점 오차도 없이 빚어져서 조각품으로 착각할 뻔했으나 실제로 살아있는 말들이었습니다. 말들 위에는 하얀색 천이 덮여 있었고 천 가장자리는 금으로 장식되어 있었습니다. 금으로 된 고삐가 그들 입에 물려 있었으며 발과 꼬리는 아름다운 장식으로 꾸며져 있었고 보좌 앞에 서서 항상 대기하고 있는 자세였습니다.

보좌 앞에는 열두 명의 천사들이 보석으로 장식하고 금으로 수 놓아진 세마포 옷을 입고 나팔과 혼(뿔로된 악기)을 가지고 서 있었습니다. 수많은 악기가 보좌 앞에 진열되어 있는 악기들의 광경은 장엄하기까지 하였습니다. 하늘나라의 아름다운 이 광경을 어떻게 표현할 수 있을까요? 수많은 악기 중에도 특히 하프가 많았습니다.

예배로의 부르심

갑자기 성령님께서 한가지를 보여 주셨습니다. 보좌 앞에 있던 천사들이 나팔이나 혼을 가지고 불기 시작하자마자 기뻐하는 소리, 하나님을 높이며 찬양하는 소리가 사방에서 울려 퍼졌습니다. 누군가가 큰 소리로 이렇게 외쳤습니다.

"왕 중의 왕이요, 만주의 주가 되시는 하나님을 찬양합니다. 사람들에게 베푸신 권능을 인하여 하나님을 찬양합니다.

그분께 최상의 찬양을 드리기 원합니다. 춤과 노래로 그분을 경배하기 원합니다. 그가 행하신 선한 일로 인하여 그분을 경배합니다. 그는 하나님이시며 만주의 주, 만왕의 왕이 되십니다. 그는 인류를 구원하신 구속자 이십니다."

그러자 성도들이 악기소리에 맞추어 찬양을 시작했고 말들이 일제히 무릎을 꿇고 하나님을 경배하기 시작했습니다. 말들은 머리를 숙이고 주님의 이름 앞에 고개 숙여 절을 하였습니다.

> 하늘에 있는 자들과 땅에 있는 자들과 땅 아래에 있는 자들로 모든 무릎을 예수의 이름에 꿇게 하시고 (빌 2:10)

> 내가 또 들으니 하늘 위에와 땅 위에와 땅 아래와 바다 위에와 또 그 가운데 모든 피조물이 이르되 보좌에 앉으신 이와 어린 양에게 찬송과 존귀와 영광과 권능을 세세토록 돌릴지어다 하니
>
> (계 5:13)

말들이 주님 앞에서 뱅뱅 돌며 껑충 껑충 뛰어다니기 시작했습니다. 말들은 하나님을 높이고 찬양하기 위해 각가지 동작으로 영광을 돌렸습니다. 하나님은 이 말들을 보며 기뻐하셨습니다.

찬양의 동기

성도 여러분! 하나님께서 우리의 찬양을 얼마나 기뻐하시는지 아십니까? 실지어 우리가 환난이나 시험을 통과할 때도 하나님은 찬양 받기를 원하십니다. 우리가 시험이 들거나 환난을 통과하기 때문이 아니라 우리가 그분을 사랑하기 때문에 하나님은 찬양을 받기 원하시는 것입니다.

우리가 하나님을 경배하는 것은 우리를 위함이 아니라 오로지 하나님께 영광을 돌리려는 마음으로 임해야 한다는 것입니다. 그가 우리에게 행하시는 위대한 일로 인하여 하나님을 찬양합니다.

우리는 찬양할 때 우리 중심에서 하나님 중심으로 초점을 맞추어야 합니다. 우리가 찬양을 드리면서 모든 문제를 해결하실 수 있는 분은 하나님 한 분 이심을 믿어야 합니다. 우리는 그분이 하신 일과 하실 일들을 믿고 신뢰해야 합니다. 하나님은 좋으신 하나님이시며 우리의 연약함과 어려움을 도우시는 분임을 믿어야 합니다.

우리가 진심으로 하나님을 높이고 찬양할 때 하나님의 권능의 역사가 우리에게 나타나게 되어 있습니다. 모든 문제가 해결되고 역사가 나타납니다.

찬양의 결과

일시에 보좌 주위에 있는 모든 음악가들이 연주를 시작했습니다. 경배하는 다른 무리들이 보좌 광장에 와서 하나님을 경배하기 시작했습니다. 수천의 목소리가 하나님을 높이며 찬양하기 시작했습니다. 이 놀랍고 웅장하며 영광스러운 소리는 내 온 몸을 전율케 했습니다.

찬양의 한 가운데서 듣는 얼마나 아름다운 소리인지요!

찬양하며 그 아름다운 소리를 듣다보니 지상의 일들이 멀어져 갔습니다. 슬픔과 고통들이 멀어져 갔습니다. 지옥의 무서움은 점점 더 멀어져 갔습니다. 마음 속에는 평강과 기쁨만이 있었습니다.

하나님이 주신 나의 사명

베드로가 변화산상에서 예수님께서 모세와 엘리야를 만나는 것을 보고 여기가 좋사오니 천막을 치고 예수님과 함께 여기서 살자고 했던 것처럼 나도 천국에 그냥 주저앉고 싶었습니다. 그러나 하나님께서는 제게 명하신 사명이 있었습니다. 천사가 내 몸을 한 번 만지자 새 힘이 내 육체 속에 임하는 것을 느꼈습니다.

천사가 내게 나의 사명을 상기시켜 주었습니다.

"캐더린, 하나님께서 당신에게 명하신 일이 있습니다. 당신은 지상에 내려가서 여기에서 본 것들을 책으로 기록하여 사람들에게 알려야 합니다. 하나님이 사랑하는 자들을 위하여 준비하신 것이 무엇인지 알려야 합니다(고전 2:9, 신 7:9)."

그리고 하나님께서도 음성으로 내게 말씀해 주셨습니다. 하나님의 음성은 마치 천둥소리와 같이 웅장하면서 맑게 들렸습니다. 나는 무릎을 꿇고 고개를 숙여 경배하며 왕중의 왕이시요, 만주의 주 되신 하나님을 찬양했습니다.

천국에 관련된 성경 구절들

천국을 보고 지상에 돌아온 후 천국에서 보았던 것들을 생각해 보았습니다. 그러다가 성경을 찾아보며 확인해 보았습니다. 성경을 읽으며 놀란 적이 한 두 번이 아닙니다. 여기 몇 구절을 적어봅니다.

> 오직 주는 여호와시라 하늘과 하늘들의 하늘과 일월 성신과 땅과 땅 위의 만물과 바다와 그 가운데 모든 것을 지으시고 다 보존하시오니 모든 천군이 주께 경배하나이다 (느 9:6)
> 하나님은 높은 하늘에 계시지 아니하냐 보라 우두머리 별이 얼마

나 높은가 빽빽한 구름이 그를 가린즉 그가 보지 못하시고 둥근 하늘을 거니실 뿐이라 하는구나 (욥 22:12,14)

여호와께서 그의 높은 성소에서 굽어보시며 하늘에서 땅을 살펴보셨으니 (시 102:19)

여호와께서 그의 보좌를 하늘에 세우시고 그의 왕권으로 만유를 다스리시도다 (시 103:19)

여호와의 이름을 찬양할지어다 그의 이름이 홀로 높으시며 그의 영광이 땅과 하늘 위에 뛰어나심이로다 (시 148:13)

그러나 너희가 이른 곳은 시온 산과 살아 계신 하나님의 도성인 하늘의 예루살렘과 천만 천사와 (히 12:22)

하늘나라 네 생물들

제 간증은 하나라도 꾸미거나 과장된 것이 없으며 모든 것을 사실대로 기록했습니다.

나를 안내하는 천사가 외쳤습니다.
"하나님의 영광을 봅시다!"
천사는 나를 데리고 하늘로 올라갔습니다. 첫째하늘, 둘째하늘을 지나서 셋째하늘인 천국으로 향했습니다. 천국의 문들 중에 한 곳을 통과하여 천국 안으로 들어갔습니다. 천국 문은 순수한 최고의 진주로 만들어져 있으며 그 맑기와 깨끗함을 이루 말로 표현 할 수 없었습니다. 천국은 볼 때마다 아름답고 새롭게 느껴졌으며 결코 지루하거나 따분하지 않았습니다. 볼수록 신선함과 새로움을 느꼈습니다.

우리는 생명의 강을 지나가면서 강가에서 하나님을 높이며 찬양하는 사람들을 보았습니다. 다시 우리는 위로 올라가 하나님의 보좌 앞에 섰습니다. 하나님의 보좌에 대해서는 4장에서 자세히 기록하였습니다. 보좌에 이르니 찬양과 음악 소리의 웅장함은 온 천국을 진동시키는 것 같았습니다.

요한계시록에도 하나님의 보좌에 대한 기록이 많이 있습니다. 영광의 구름이 보좌를 가리고 있으며 그 구름 위로 오색찬란한 무지개가 드리워져 있습니다. 보좌를 바라보면서 전지 전능하신 하나님의 영광과 권능이 발산됨을 느꼈습니다. 보좌에는 번개와 음성과 뇌성이 있었습니다. 거룩한 하나님의 권능의 현현하심이 있었습니다.

> 보좌로부터 번개와 음성과 우렛소리가 나고 보좌 앞에 켠 등불 일곱이 있으니 이는 하나님의 일곱 영이라 보좌 앞에 수정과 같은 유리 바다가 있고 보좌 가운데와 보좌 주위에 네 생물이 있는데 앞뒤에 눈들이 가득하더라 (계 4:5-6)

보좌 주위를 둘러보니 수많은 천사들이 하나님을 높이면서 영광을 돌리며 찬양하고 있었습니다. 교회에 성가대가 있듯이 보좌 주위에도 천사들이 모여 하나님을 찬양하고 영광 돌리는 일로 충만했습니다. 보좌 주위를 보니 전에 볼 수 없었던 네 생물들이 이십사 장로들과 함께 있었습니다. 요한계시록에도 이를 언급하고 있습니다.

> 내가 또 보고 들으매 보좌와 생물들과 장로들을 둘러 선 많은 천사의 음성이 있으니 그 수가 만만이요 천천이라 (계 5:11)

> 모든 천사가 보좌와 장로들과 네 생물의 주위에 서 있다가 보좌 앞에 엎드려 얼굴을 대고 하나님께 경배하여 (계 7:11)

살아있는 생물들

이번 천국 방문에서 좀 특이하게 발견한 것은 네 생물들을 자세히 볼 수 있었다는 점입니다.

이들은 몸집이 굉장히 컸으며 큰 눈을 가지고 있고 눈이 앞에도 있고 뒤에도 있었습니다. 각 생물들은 여섯 개의 큰 날개를 가지고 있었으며 하나는 사자의 얼굴을, 다른 하나는 송아지의 얼굴을, 또 하나는 사람의 얼굴을, 마지막 하나는 날아다니는 독수리의 얼굴을 하고 있었습니다.

네 생물들은 쉬지 않고 하나님께 외치고 있었습니다.

"거룩, 거룩, 거룩, 거룩하신 전능하신 하나님!"

한 번도 이런 생물들을 본적이 없는 나로서는 다소 낯설게 느껴졌습니다. 그러나 이들은 하나님이 하신 일과 그의 권능을 찬양하고 있었습니다.

놀라우신 우리 하나님! 이 얼마나 놀라운 하나님의 권능이신지요! 나는 네 생물들을 천국에서 보고 와서는 확인하기 위해 성경을 찾아 보았습니다. 그리고 다시 한 번 놀랐습니다.

> 보좌 앞에 수정과 같은 유리 바다가 있고 보좌 가운데와 보좌 주위에 네 생물이 있는데 앞뒤에 눈들이 가득하더라 그 첫째 생물은 사자 같고 그 둘째 생물은 송아지 같고 그 셋째 생물은 얼굴이 사람 같고 그 넷째 생물은 날아가는 독수리 같은데 네 생물은 각각 여섯 날개를 가졌고 그 안과 주위에는 눈들이 가득하더라 그들이 밤낮 쉬지 않고 이르기를 거룩하다 거룩하다 거룩하다 주 하나님 곧 전능하신 이여 전에도 계셨고 이제도 계시고 장차 오실 이시라 하고 (계 4:6-8)

네 생물들의 임무

성경은 네 생물들이 하는 일들에 대하여 말하고 있습니다. 그들의 임무는 끊임없이 하나님을 찬양하며 이십사 장로와 함께 주님을 경배하는 일입니다.

네 생물은 각각 여섯 날개를 가졌고 그 안과 주위에는 눈들이 가득하더라 그들이 밤낮 쉬지 않고 이르기를 거룩하다 거룩하다 거룩하다 주 하나님 곧 전능하신 이여 전에도 계셨고 이제도 계시고 장차 오실 이시라 하고 그 생물들이 보좌에 앉으사 세세토록 살아 계시는 이에게 영광과 존귀와 감사를 돌릴 때에 이십사 장로들이 보좌에 앉으신 이 앞에 엎드려 세세토록 살아 계시는 이에게 경배하고 자기의 관을 보좌 앞에 드리며 이르되 우리 주 하나님이여 영광과 존귀와 권능을 받으시는 것이 합당하오니 주께서 만물을 지으신지라 만물이 주의 뜻대로 있었고 또 지으심을 받았나이다 하더라 (계 4:8-11)

새 노래를 불러 이르되 두루마리를 가지시고 그 인봉을 떼기에 합당하시도다 일찍이 죽임을 당하사 각 족속과 방언과 백성과 나라 가운데에서 사람들을 피로 사서 하나님께 드리시고 그들로 우리 하나님 앞에서 나라와 제사장들을 삼으셨으니 그들이 땅에서 왕 노릇 하리로다 하더라 내가 또 보고 들으매 보좌와 생물들과 장로들을 둘러 선 많은 천사의 음성이 있으니 그 수가 만만이요 천천이라 큰 음성으로 이르되 죽임을 당하신 어린 양은 능력과 부와 지혜와 힘과 존귀와 영광과 찬송을 받으시기에 합당하도다 하더라 내가 또 들으니 하늘 위에와 땅 위에와 땅 아래와 바다 위에와 또 그 가운데 모든 피조물이 이르되 보좌에 앉으신 이와 어린 양에게 찬송과 존귀와 영광과 권능을 세세토록 돌릴지어다 하니 네 생물이 이르되 아멘 하고 장로들은 엎드려 경배하더라

(계 5:9-14)

모든 천사가 보좌와 장로들과 네 생물의 주위에 서 있다가 보좌 앞에 엎드려 얼굴을 대고 하나님께 경배하여 이르되 아멘 찬송과 영광과 지혜와 감사와 존귀와 권능과 힘이 우리 하나님께 세세토록 있을지로다 아멘 하더라 (계 7:11-12)

또 이십사 장로와 네 생물이 엎드려 보좌에 앉으신 하나님께 경배하여 이르되 아멘 할렐루야 하니 보좌에서 음성이 나서 이르시되 하나님의 종들 곧 그를 경외하는 너희들아 작은 자나 큰 자나 다 우리 하나님께 찬송하라 하더라 또 내가 들으니 허다한 무리의 음성과도 같고 많은 물 소리와도 같고 큰 우렛소리와도 같은 소리로 이르되 할렐루야 주 우리 하나님 곧 전능하신 이가 통치하시도다

(계 19:4-6)

다음에 나오는 성경 구절들은 이들 네 생물들의 다른 임무들입니다.

두루마리를 취하시매 네 생물과 이십사 장로들이 그 어린 양 앞에

엎드려 각각 거문고와 향이 가득한 금 대접을 가졌으니 이 향은 성도의 기도들이라 (계 5:8)

내가 보매 어린 양이 일곱 인 중의 하나를 떼시는데 그 때에 내가 들으니 네 생물 중의 하나가 우렛소리 같이 말하되 오라 하기로

(계 6:1)

일곱 재앙을 가진 일곱 천사가 성전으로부터 나와 맑고 빛난 세마포 옷을 입고 가슴에 금 띠를 띠고 네 생물 중의 하나가 영원토록 살아 계신 하나님의 진노를 가득히 담은 금 대접 일곱을 그 일곱 천사들에게 주니 하나님의 영광과 능력으로 말미암아 성전에 연기가 가득 차매 일곱 천사의 일곱 재앙이 마치기까지는 성전에 능히 들어갈 자가 없더라 (계 15:6-8)

네 생물들이 찬양을 시작하자 이십사 장로들과 천군 천사들이 같이 찬양을 시작했습니다. 나도 찬양에 동참하며 하나님께 경배를 드렸습니다.

"오 나의 하나님! 당신의 전능하심을 진심으로 찬양하나이다!"

9 하늘나라에서의 영광

예수님께서 천국을 보여 주심으로 나는 지금까지 열번이나 천국을 방문할 수 있었습니다. 지옥을 보고 온 후 바로 천국을 볼 수 있도록 주님께서 허락하신 것입니다. 천국 방문은 주로 부활 주일 기간에 일어났습니다.

예수님은 새벽 2시에서 5시 사이에 찾아 오셨습니다. 30일 동안 매일 밤 지옥을 보았습니다. 믿지 않고 죽은 영혼들이 고통 당하는 곳을 보았습니다. 그리고 나서 「정말 지옥은 있습니다」라는 책을 썼습니다. 30일 동안 지옥을 다녀온 후 10일 동안 주님은 천국에 있는 영광들을 보여 주셨습니다. 그러고 나서도 주님은 계속 저를 찾아 오셨습니다. 내게 일어난 일들은 과장이나 꾸민 내용이 없이 오직 사실만을 기록한 것입니다.

예수님께서 천국을 구경시켜 주실 때 천국의 아름다움과 그 영광들로 인하여 나는 천국에 완전히 매료되고 말았습니다. 지옥에서는 공포와 무서움, 슬픔, 죽음을 보았으나 천국에서는 기쁨, 평강, 행복으로 가득차 있었습니다.

한가지 또 놀란 것은 다른데서 볼 수 없었던 아름다운 천사들이 많이 있었다는 것입니다. 어떤 천사들은 날개가 있고 어떤 천사들은 날개가 없었습니다. 천국을 매번 방문할 때마다 느낀 것은 천사들은 항상 바쁘게 움직이며 일을 하고 있다는 사실입니다. 그들은 맡은바 사명을 다하며 쉼 없이 부지런히 일하고 있었으며 각 천사마다 하는 일들이 모두 다른 것 같았습니다. 그들은 맡은바 일을 다 하면서도 입술에서는 끊임없는 찬양이 흘러 나왔고 얼굴엔 항상 행복한 표정이 충만했습니다.

새로운 영혼이 천국에 들어오면 영접을 담당하는 천사들이 반가이 맞이하며 먼저 생명수의 강으로 안내해 강을 통과하게 합니다. 그리고 구원의 가운, 의의 세마포를 입혀주는 곳으로 안내합니다. 다음에는 면류관이 있는 방으로 안내하여 면류관을 씌워줍니다. 이 모든 일들이 아름답고 원만하게 잘 이루어지고 있었습니다. 천국에서 종을 한 번도 본적이 없지만 끊임없이 종소리가 은은하게 울려 퍼지고 있었습니다. 이 벨소리는 천국 백성이 생길 때마다 울려 퍼졌습니다.

천국에 있는 물건들

천국에는 참으로 아름다운 테이블이 많았습니다. 지상에서 빅토리안 양식의 테이블과 정교하게 만든 가구들을 본적은 있으나 그것들도 천국의 테이블과는 비교가 되지 않았습니다. 벽에 기대져 있는 작은 탁자 위에는 책이나 꽃병, 장식품들이 올려져 있었습니다. 정교하기가 이를 데 없고 아름다웠습니다. 또한 많은 책들이 있었습니다.

천국에서의 기록들

성도 여러분! 여러분이 하나님께 드리는 헌금, 십일조, 주일 헌금, 감사 헌금, 선교 헌금, 주를 위하여 쓰는 모든 물질은 천국에 다 기록됩니다. 전 세계에서 일을 하는 천사들이 보고서를 가지고 날마다 천국으로 올라옵니다. 지상에 있는 영혼들에 대한 기록을 보관하고 있는 방에 천사가 들어가서 방 담당 천사에게 보고를 합니다.

"당신이 이를 보았습니까?"

방 담당 천사가 보고하는 천사에게 묻고 확인이 되면 기록을 합니다.

기록의 방은 도서관처럼 생겼으며 벽에 책꽂이가 있고 영혼들에 대한 기록들이 각 책에 다 기록되어 있었습니다. 최후 심판 때 이 책들이 하나님의 보좌로 옮겨지고 우리의 일거수 일투족이 하나도 빠짐없이 드러나게 됩니다. 이것을 근거로 하나님이 심판하시는 것입니다. 주님의 성령도 쉼 없이 천국을 돌아다니시고 계셨습니다.

천국에 있는 것들은 지상에 있는 것과는 비교가 안됩니다. 지상에 있는 것들은 천국에 있는 것들의 모형인 것 같습니다. 천국에 있는 것들은 실상이요, 지상에 있는 것들은 천국의 그림자인 것 같습니다. 지상에 음악과 찬양이 있듯이 천국에도 있습니다. 그러나 천국 음악은 우리의 상상을 초월합니다.

하나님은 그의 백성들이 하나님만을 찬양하기를 원하십니다. 창세기부터 요한계시록을 통하여 우리에게 계시하신 하나님의 성품은 하나님은 찬양받기 원하신다는 것입니다.

천국은 하나님을 사랑하는 자들을 위하여 예비하신 장소입니다. 언젠가 저와 여러분은 그곳에 가게 됩니다. 이 책을 읽는 여러분도 진심으로 예수 그리스도를 여러분의 구세주로 영접하셨다면 모두 구원 받고 천국에 가게 됩니다. 진심으로 회개하고 주님께로 돌아오면 예수님의 보혈로 여러분의 죄를 깨끗하게 씻어 주실 것입니다. 어린 양의 피, 귀하신 예수님의 보혈만이 우리의 죄를 깨끗하게 하십니다.

정결케 하는 예수님의 보혈

이전에 기록의 방에 대하여 이야기한 적이 있습니다. 이번에는 기록의 방의 다른 면을 이야기해 보고자 합니다.

기록의 방 중 한 곳에는 금으로 된 양동이가 놓여 있었고 그 앞에서 일을 하는 천사들을 보았습니다. 천사들 앞에는 수많은 책들이 쌓여 있었고 책 표지마다 메모 쪽지가 붙어 있었습니다.

영혼들의 기록이 지상에서 올라올 때마다 방을 담당하는 천사는 그 기록들을 확인합니다. 마침 지상에서 새로운 소식을 가지고 온 천사들이 있었습니다. 방금 진심으로 회개하고 예수 그리스도를 구세주로 영접하고 거듭난 영혼들이 있어서 그 소식을 가지고 천사들이 보고하기 시작하였습니다. 그러자 생명책에 기록되었던 죄들이 지워지기 시작했습니다.

금 양동이 앞에 있는 천사들은 회개한 영혼들의 책을 한 손에, 그리고 다른 손에는 피 묻은 수건을 들고 있었습니다. 피 묻은 수건은 단순히 피만 묻어 있어 혐오감을 주는 그런 수건이 아니라 피 색깔과 하나님의 영광의 빛이 어우러져 아름다운 모양을 내는 수건이었습니다.

천사들은 책 한 권씩을 들고 앞에서부터 한 페이지씩 넘기며 회개한 내용들을 수건으로 지우기 시작했습니다. 하나님의 지시에 따라 진심으로 회개한 영혼들의 과거의 죄들을 지운 것입니다.

> 나 곧 나는 나를 위하여 네 허물을 도말하는 자니 네 죄를 기억하지 아니하리라 (사 43:25)

성도 여러분! 하나님의 말씀은 진리이십니다. 하나님은 진실로 회개한 자들의 죄를 사하십니다. 천사들이 책을 한 장씩 넘기며 깨끗하게 씻는 장면은 너무나 아름다웠습니다. 우리의 모든 죄들이 이렇게 깨끗하게 씻어져 버린답니다.

할렐루야! 하나님은 우리 죄를 다시 기억하지 않으십니다! 이 장면을 같이 지켜보던 한 성도님이 찬양을 부르기 시작했습니다.

> 나의 죄를 씻기는 예수의 피밖에 없네,
> 다시 성케하기도 예수의 피밖에 없네,
> 예수의 흘린 피 날 희게 하오니,
> 귀하고 귀하다 예수의 피밖에 없네.

그 다음에는 천사들이 주님의 보혈을 찬양하기 시작했습니다.

> 어린 양 예수의 그 피로 속죄함 얻었네,

어린 양 예수의 그 피로 마귀의 손에서 구원함 받았네,
예수 그리스도의 그 피로 지옥에서 건짐을 받았네.

예수 그리스도의 보혈의 권능을 아무리 많이 이야기 한다고 해도 지나치지 않습니다. 2000년 전에 흘리신 예수님의 보혈이 오늘날에도 우리의 죄를 씻습니다. 예수님께서 단번에 자신을 하나님께 드림으로 마귀를 멸하셨습니다(히 7:27). 예수님은 하나님과 동등이시나 동등됨을 취하지 아니하시고 자신을 낮추어 종의 형상을 입고 이 땅에 오셨습니다. 아버지께 죽기까지 순종하여 십자가에서 죽으시고 부활하셨습니다. 동정녀 마리아에게 나시고 우리를 구원하시기 위하여 자신의 생명을 우리에게 주시며 그분의 보혈로써 우리를 구속하셨습니다. 이제 우리는 그분을 믿음으로 다시는 지옥에 갈 필요가 없으며 영원한 천국으로 안내되어 가는 것입니다.

사랑하는 성도 여러분! 복음은 진리입니다. 나는 천사들이 책 속에 있는 죄의 기록들을 지울 때 얼마나 기뻤는지 모릅니다. 회개한 모든 기록을 지웠습니다. 모든 죄와 허물을 다 지웠습니다. 예수님의 보혈로 과거 모든 것들을 뿌리 채 뽑은 것입니다. 이 일들을 오직 예수님만이 하실 수 있습니다. 이 세상 그 어느 것으로도 우리의 죄를 깨끗하게 할 수

없습니다.

하나님의 제단들

나는 하나님의 제단을 사랑합니다. 성령 충만하고 아름다운 제단을 가진 교회들을 볼 때마다 마음의 흐뭇함을 느낍니다. 이러한 제단에는 많은 성도들의 눈물이 쌓여 있습니다. 구약에 보면 하나님께서는 여러 차례 그의 백성들로 하여금 우상 제단들을 허물라고 말씀하십니다.

> 그 제단을 헐며 주상을 깨뜨리며 아세라 상을 불사르고 또 그 조각한 신상들을 찍어 그 이름을 그 곳에서 멸하라 너희의 하나님 여호와께는 너희가 그처럼 행하지 말고 (신 12:3-4)

하나님의 백성들은 하나님이 싫어하시는 죄의 제단을 다 멸해야 합니다. 하나님과 관계없는 제단들은 다 무너져야 합니다. 하나님의 백성들은 오직 하나님을 경배하고 섬기는 제단만을 쌓아야 합니다.

> 그 날 밤에 여호와께서 기드온에게 이르시되 네 아버지에게 있는 수소 곧 칠 년 된 둘째 수소를 끌어 오고 네 아버지에게 있는 바알

의 제단을 헐며 그 곁의 아세라 상을 찍고 또 이 산성 꼭대기에 네 하나님 여호와를 위하여 규례대로 한 제단을 쌓고 그 둘째 수소를 잡아 네가 찍은 아세라 나무로 번제를 드릴지니라 하시니라

(삿 6:25-26)

오늘날의 제단들

나는 미국과 캐나다를 순회하며 집회를 인도할 때마다 하나님의 제단들을 생각합니다. 우리가 교회 제단 앞에 와서 우리의 심정을 쏟아 놓는 것을 가볍게 생각하면 안됩니다. 우리는 우리의 모든 것을 쏟아 부을 수 있는 헌신된 제단을 가지고 있어야 합니다.

우리의 젊음을 쏟아 붓고, 우리의 봉사와 희생과 헌신을 쏟아 부을 수 있는 제단, 우리의 가진 시간, 물질, 심지어 우리의 목숨까지라도 쏟아 부을 수 있는 제단이 있어야 합니다. 우리의 가진 것을 하나님께 다 바치고 마지막으로 우리의 목숨까지 쏟아 부을 수 있는 제단이 있는 인생은 성공합니다.

우리에게 그곳은 하나님을 만나고 기도하고 죄사함 받고 간구할 수 있는 유일한 장소가 되는 것입니다. 거기에서 놀라운 하나님의 임재하심을 체험할 수도 있습니다. 우리가 그

곳에서 기도할 때 하나님은 우리의 기도에 응답하십니다. 때로는 우리를 감싸주시는 포근한 하나님의 임재하심을 느끼기도 합니다.

제단은 교회에 있는 제단이 될 수도 있습니다. 아니면 여러분이 쉽게 가서 무릎을 꿇고 기도하며 찬양할 수 있는 장소가 바로 여러분의 제단이 되는 것입니다. 그 제단의 장소가 여러분의 집이 될 수도 있습니다. 시간을 정하여 매일 규칙적으로 하나님께 찬양 드리고 기도 드리고 깊이 있게 교제할 수 있는 장소가 바로 여러분의 제단이 되는 것입니다.

구약시대 제사장들은 제단을 만들고 하나님께 부르짖으며 자신들의 지은 죄 뿐만 아니라 백성들이 지은 죄까지라도 용서해 달라고 구했습니다. 백성들은 회개하고 하나님께 회개의 제물을 드렸습니다.

예수님께서는 친히 자신을 하나님께 드림으로 모든 제사를 완성하셨습니다. 우리는 다시 죄사함 받기 위하여 짐승을 잡아 제사를 드릴 필요가 없습니다. 그러므로 죄를 지을 때마다 회개해야 합니다. 어린 양 예수의 보혈을 의지하여 죄를 회개하고 용서를 구해야 합니다.

교회나, 각 가정에서 이런 장소를 가집시다. 우리는 날마다 하나님을 찬양하고 기도할 수 있는 장소가 필요합니다. 나는 설교할 때마다 사람들에게 권면합니다.

"하나님의 제단에 나아가기를 주저하지 맙시다. 그곳에

서 하나님을 만납시다."

물론 우리가 어디에 있든지 간에 하나님은 우리를 만나주십니다. 그러나 시간을 정하고 주님과 단둘이 있을 수 있는 공간을 확보하는 것도 중요합니다. 그 장소가 학교나 회사나 집이나 교회든지 간에 어느 장소나 될 수 있습니다. 이곳이 바로 우리의 제단이 되는 것입니다. 그곳에서 우리 자신을 낮추고 두 손을 들고, 이렇게 기도해 보십시오.

"하나님 아버지, 제가 여기 있습니다. 저를 받아 주시고 당신의 영광을 위하여 사용해 주시옵소서!"

진심으로 그분을 경배해 보세요

우리는 기도할 때 온 힘을 다하여 기도해야 합니다. 하나님께서는 그를 사랑하는 자, 하나님께 가까이 하는 자를 찾으십니다. 죄악의 길을 떠나 하나님께로 돌아오는 자들을 찾으십니다. 신령과 진정으로 하나님께 예배드리는 자들을 하나님은 찾고 계십니다.

> 내 이름으로 일컫는 내 백성이 그들의 악한 길에서 떠나 스스로 낮추고 기도하여 내 얼굴을 찾으면 내가 하늘에서 듣고 그들의 죄를 사하고 그들의 땅을 고칠지라 (대하 7:14)

> 아버지께 참되게 예배하는 자들은 영과 진리로 예배할 때가 오나니 곧 이 때라 아버지께서는 자기에게 이렇게 예배하는 자들을 찾으시느니라 (요 4:23-24)

하나님 앞에서 정직하십시오. 하나님 앞에서 진실하십시오. 제단에 나아가서 기도 드릴 때, "누구는 이래서 잘못됐습니다. 저래서 싫어요."하는 식으로 하기보다는 이렇게 고백하시기 바랍니다.

"하나님 아버지, 저는 죄인입니다. 죄를 지은 자는 바로 접니다. 저는 당신의 용서가 필요합니다."

여러분이 미워하거나 싫어하는 사람이 있다면, 여러분에게 잘못한 사람이 있다면 그 사람을 진심으로 용서해 주십시오.

성도 여러분! 주님은 죄인을 찾고 계십니다. 눈먼 자를 보게 하고, 귀머거리를 듣게 하시는 성령님께서 교회들에게 하시는 말씀을 들어 보십시오(계 2:7). 하늘 나라의 영광을 여러분이 볼 수 있다면 얼마나 좋을까요! 눈이 열려서 여러분을 기다리고 있는 하늘 나라의 영광들을 보았으면 합니다.

우리는 매일 삶 속에서 시험과 시련을 통과합니다. 원수 마귀는 우리에게서 모든 것을 빼앗아 가는 것 같으나 하나님께서는 우리가 감당 못할 시험은 허락치 않으시며 감당치 못할 즈음에는 피할 길을 내어 주십시다. 결국 승리는 우리의 것입니다. 또한 여러 가지 압력들이 우리 주변에 있지만 주 안으로 들어가면 문제는 해결됩니다. 이 책을 읽고 있는 분 중에서 아직까지 교회를 결정하지 못하셨다면 교회를 결정하는데 몇 가지 제안을 드리겠습니다.

이런 교회를 찾으십시오. 하나님의 말씀이 진리임을 믿는 교회, 말씀만이 우리의 삶을 변화시킬 수 있다고 믿는 교회, 전능하신 하나님의 권능이 지금도 교회 안에서 역사한다고 믿는 교회, 지금도 역사하시는 성령님의 권능을 인정하는 교회를 찾아가시기 바랍니다. 그곳에는 영의 양식이 있습니다. 말씀이 살았고 운동력이 있습니다. 주님이 함께 하시는 이적과 기사와 표적이 있습니다. 신유의 역사와 권능이 있습니다. 슬픔과 고통과 삶의 어려운 문제들을 이기고 극복할 수 있는 말씀의 역사가 있습니다. 우리 영혼을 푸른 초장, 맑은 시냇가로 인도하는 살아있는 말씀이 있습니다.

요즈음 말씀이 죽은 교회가 얼마나 많은지요. 하나님의 권능을 부인하고 그리스도의 신성과 인성을 부인하는 교회와 성령의 역사를 제한하는 교회가 얼마나 많은지 모릅니다. 이런 교회들을 어떻게 주님의 명령을 따르는 주님의 몸된 교회라 할 수 있겠습니까?

하나님의 백성과 함께 거하는 삶도 중요합니다. 믿음은 들음에서 나는 것이기에 성도님들과의 교제를 통해서도 우리의 믿음이 격려 받고 성장하는 것을 많이 봅니다.

모이기를 힘쓰십시오(히 10:25). 홀로 떨어져 있지 마시기 바랍니다. 사자가 동물을 공격할 때 동물들이 떼를 이루고 있으면 함부로 공격하지 못합니다. 그러나 혼자 떨어져 있는 동물은 공격을 당하고 잡혀먹기 쉽습니다. 혼자서 신앙생활 하겠다고 교회도 가지 않고 주일 예배, 수요 예배, 금요 예배 같은 공적인 예배에 참석하지 않는 것은 여러분의 영적 유익에 도움이 되지 않습니다.

> 한 사람이면 패하겠거니와 두 사람이면 맞설 수 있나니 세 겹 줄은 쉽게 끊어지지 아니하느니라 (전 4:12)

여러분 곁에는 여러분을 진실로 사랑하시는 주님이 계십니다. 또한 여러분을 사랑하는 성도님들이 있다는 것을 잊지 마십시오.

미공개 사실들

그 외에도 천국에서 보았던 것들이 많이 있습니다. 그러나 주님은 아직 다 공개되어서는 안된다고 하셨습니다.

천국을 여행하는 동안에 아름다운 집들과 대저택도 보았

습니다. 그리고 천사들이 자신들의 임무에 충실하게 일하는 모습도 보았습니다. 어떤 천사들은 지상에서 적은 기록들을 가지고 질서 정연하게 올라왔으며 기록한 분량이 많은 천사들은 책으로 만들어서 가지고 오는 이들도 있었습니다. 그들은 기록의 방으로 가서 방 담당 천사에게는 보고하고는 그 기록들을 보관합니다.

천국에 가면 주님을 위하여 한 모든 일에 대한 보상이 기다리고 있습니다. 내가 이 책을 쓰는 이유 중에 하나도 이 책을 읽고 천국에서 우리에게 주어질 상에 대한 소망을 갖으시라는 것입니다.

하나님께서 내게 보여 주신 천국은 부분적이라고 생각합니다. 우리가 지금은 부분으로 보고 부분적으로 아나 그날이 되면 수건을 거둔 얼굴처럼 환하게 볼 날도 있을 것이라고 성경은 기록하고 있습니다(고전 13:9). 때가 되어 마지막 도착지, 본향에 도착하면 우리가 알고 싶었던 모든 것들을 알 수 있게 될 것입니다. 하나님의 하시는 이 모든 일을 인하여 주님을 찬양합니다. 할렐루야!

10
천사의 사역

이 장에서는 천사들의 사역에 대하여 이야기해 보고자 합니다. 천국은 참으로 아름다운 장소입니다. 우리가 천국에 가면 우리가 받을 영광들이 있습니다.

하나님께서는 자기의 비밀을 선지자들에게 나타내십니다(암 3:7). 오늘날에도 하나님의 비밀과 메시지를 사람들을 통하여 우리에게 알려 주십니다.

> 이스라엘의 왕인 여호와, 이스라엘의 구원자인 만군의 여호와가 이같이 말하노라 나는 처음이요 나는 마지막이라 나 외에 다른 신이 없느니라 내가 영원한 백성을 세운 이후로 나처럼 외치며 알리며 나에게 설명할 자가 누구냐 있거든 될 일과 장차 올 일을 그들

> 에게 알릴지어다 너희는 두려워하지 말며 겁내지 말라 내가 예로부터 너희에게 듣게 하지 아니하였느냐 알리지 아니하였느냐 너희는 나의 증인이라 나 외에 신이 있겠느냐 과연 반석은 없나니 다른 신이 있음을 내가 알지 못하노라 (사 44:6-8)

> 여호와께서 내게 대답하여 이르시되 너는 이 묵시를 기록하여 판에 명백히 새기되 달려가면서도 읽을 수 있게 하라 (합 2:2)

하나님은 사역자들을 통하여 그분의 비밀을 우리에게 공개하십니다. 하나님의 말씀은 살았고 운동력이 있으며 진리입니다. 다니엘은 주님으로부터 환상을 받았습니다.

> 바벨론 벨사살 왕 원년에 다니엘이 그의 침상에서 꿈을 꾸며 머리 속으로 환상을 받고 그 꿈을 기록하며 그 일의 대략을 진술하니라 (단 7:1)

사도 요한도 주님으로부터 환상을 받았습니다. 그리고 요한계시록을 기록했습니다.

> 이르되 네가 보는 것을 두루마리에 써서 에베소, 서머나, 버가모, 두아디라, 사데, 빌라델비아, 라오디게아 등 일곱 교회에 보내라 하시기로 (계 1:11)

이사야 선지자도 하나님으로부터 유대 민족을 위한 메시지를 받아서 담대하게 선포했습니다. 이사야서에서 이를 잘 알 수 있습니다.

> 유다 왕 웃시야와 요담과 아하스와 히스기야 시대에 아모스의 아들 이사야가 유다와 예루살렘에 관하여 본 계시라 (사 1:1)

에스겔 선지자도 하나님으로부터 온 환상과 계시가 있었기에 하나님의 선지자로 부르심을 얻었습니다.

> 서른째 해 넷째 달 초닷새에 내가 그발 강 가 사로잡힌 자 중에 있을 때에 하늘이 열리며 하나님의 모습이 내게 보이니 (겔 1: 1)

나도 하나님의 부르심을 입어 천국의 비밀을 볼 수 있도록 허락되었다고 생각합니다. 하나님의 여종으로서 내가 꿈으로, 환상으로, 계시로, 음성으로 받은 것들을 이 책에 기록했습니다. 그리고 이해를 돕기 위해 관련된 성경 구절들을 관련시켜 놓았습니다.

하나님의 진실을 드러내며

지옥을 내게 보여 주실 때의 주님 모습은 하얀 세마포에 빛이 나고 권능이 흘러 넘쳤습니다. 키는 180cm정도로 보이셨고 수염이 가지런히 정돈되어 있으셨으며 긴 머리는 어깨까지 내려져 있었습니다. 아름다운 두 눈은 사랑의 빛으로 가득차 있었습니다. 어디선가 보았던 예수님의 그림과 비슷했던 것 같습니다.

주님은 우리를 향한 사랑과 긍휼이 넘치십니다. 예수님의 권세는 천국과 지옥 그 어느 곳이든지 미치지 않는 곳이 없습니다.

불병거(불마차)

불병거에 대한 성경 구절을 먼저 살펴봅시다.

> 기도하여 이르되 여호와여 원하건대 그의 눈을 열어서 보게 하옵소서 하니 여호와께서 그 청년의 눈을 여시매 그가 보니 불말과 불병거가 산에 가득하여 엘리사를 둘렀더라 (왕하 6:17)

이 땅에 교통 수단이 있듯이 천국에서도 불병거라는 것이 있었는데 굉장히 큰 크기의 불마차였으며 천사들이 운전하고 있었습니다.

하나님의 계시

성경에서는 천사에 대해 언급하고 있습니다(행 1:10).

> 올라가실 때에 제자들이 자세히 하늘을 쳐다보고 있는데 흰 옷 입은 두 사람이 그들 곁에 서서 (행 1:10)

어떻게 이것을 읽고 믿지 않을 수 있겠습니까? 하나님께서는 예수님께서 하늘로 승천하셨을 때, 땅에 있는 그의 자녀들에게 종종 천사를 보이셨습니다.

우리는 최후의 때에 하나님께서 그의 놀라운 권능과 역사하심을 나타내길 원하심을 알아야 합니다. 하나님께서는 그의 계획을 우리에게 보이길 원하십니다. 또, 우리가 하나님을 위해 이 땅에서 일하는 것에 대해 기대하고 기뻐하기를 원하십니다.

교회에서 일어나는 기사들

어느 교회에서 집회를 인도하고 있을 때 입니다. 기도를 아주 깊이 하고 있었습니다. 그날 밤 그 교회를 바라보니 천사들로 가득차 있었습니다. 천사들은 손에 금으로 된 칼들을 들고 있었습니다. 이때 성령님께서 내게 분명한 음성으로 말씀하셨습니다.

"캐더린, 네가 단상에 서서 병낫기를 위하여 기도할 때 내가 사람들의 병을 고칠 것이니라. 그리하여 네가 단상에서 지옥에 대하여 증거하는 것이 사실임을 확증하겠노라. 네가 단상에서 예수 그리스도에 대하여 증거할 때 내가 말씀에 따르는 표적과 기사와 이적으로 함께 해 줄 것이니라"

나는 이 말씀을 듣고 힘이 났습니다. 말씀을 증거할 때에 내가 증거한 말씀을 받아쓰는 천사가 있었습니다. 나는 말씀을 증거하면서 천국에 있는 하나님의 보좌를 보았고 천사들이 기뻐하며 하나님을 찬양하는 것이 보였습니다.

죄의 사슬을 끊으며

설교를 마친 후 새신자 초청의 시간이 왔을 때 천사들이 사람들 사이를 헤치고 들어가는 모습이 보였습니다. 사람들로 하여금 마음을 열고 앞으로 나가도록 돕고 있었습니다.

천사들이 사람들 사이를 다니며 그들의 가슴을 치자 죄의 시커먼 연기들이 회오리 바람처럼 위로 빠져나가며 사람들이 하나님 앞에 나아가 무릎을 꿇고 기도하기 시작했습니다. 어떤 사람들은 온 몸이 쇠사슬로 묶여 있었는데 회개하고 주님으로부터 죄사함을 받자 천사들이 가서 그 쇠사슬들을 부수기 시작했습니다. 쇠사슬들이 산산 조각이 나며 사람들의 몸에서 떨어져 나갔습니다. 사람들이 자신의 죄를 고백하고 두 손을 들어 하나님을 찬양할 때에도 죄의 사슬이 풀려 나가기 시작했습니다. 죄사함 받은 영혼들 사이에서 부르짖음과 울부짖음이 터져 나왔습니다.

전 세계에 있는 여러 교회들을 돌아다니며 집회를 인도할 때마다 이러한 성령의 역사가 일어나는 것을 많이 보아왔습니다. 하나님께서 행하시는 이적과 표적과 기사로 인하여 하나님을 찬양합니다. 천사들이 나의 사역을 돕는 것을 보았습니다. 주님의 사역이 있는 곳에는 천사들이 역사한다는 것을 알았습니다.

말씀의 역사

성경에서는 하나님의 말씀이 좌우에 날선 검보다도 더 예리하다고 말합니다.

> 하나님의 말씀은 살아 있고 활력이 있어 좌우에 날선 어떤 검보다도 예리하여 혼과 영과 및 관절과 골수를 찔러 쪼개기까지 하며 또 마음의 생각과 뜻을 판단하나니 (히 4:12)

하나님께서 보여 주신 이상 한가지를 말하고자 합니다. 성경에 기록되어 있는 말씀이 스스로 움직이기 시작하더니 일어나서 걷기 시작했습니다. 그러다가 칼의 모양으로 바뀌었습니다. 그리고 사람들에게로 돌진해 가더니 문제가 있는 곳을 도려냈습니다. 결국 그 사람의 문제가 해결되는 것을 보았습니다.

이 땅에서 하나님 말씀의 역사하심을 진심으로 하나님께 감사를 드립니다.

11
하나님의 말씀

다음의 내용은 지금까지 참석해 온 많은 예배 가운데 하나님께서 알게 해주신 것들입니다. 천사들은 우리의 예배를 돕습니다. 성경에서는 천사들은 구원 받을 상속자들을 돕는 영들이라고 기록하고 있습니다.

> 어느 때에 천사 중 누구에게 내가 네 원수로 네 발등상이 되게 하기까지 너는 내 우편에 앉아 있으라 하셨느냐 모든 천사들은 섬기는 영으로서 구원 받을 상속자들을 위하여 섬기라고 보내심이 아니냐 (히 1:13-14)

어느 목사님이 단상에서 말씀을 증거하고 있는데 하나님

께서 나의 영안을 열어 주셨습니다. 그 목사님의 머리 위에서 불이 섞인 기름을 천사들이 붓고 있는 모습이 보였습니다.

하나님께서 그 목사님의 마음 속을 보여 주셨는데 하나님의 말씀으로 가득차 있었습니다. 성경 말씀이 목사님의 가슴에서 위로 식도를 타고 올라오더니 입을 통과하여 화살이 발사되듯 나가기 시작했습니다. 그 말씀이 사람들을 향해 공중으로 날아가더니 양쪽에 날이 선 칼로 변하였습니다. 다른 천사들은 목사님이 하시는 말씀을 기록하고 있었습니다. 이 얼마나 놀라운 하나님의 말씀의 역사인지요!

목사님이 말씀을 증거하실 때 성경에 있는 말씀이 움직이기 시작했습니다. 말씀이 성경책에서 일어서더니 설교하시는 목사님 심령으로 들어갔다가 다시 입으로 나오더니 양쪽에 날선 칼보다도 더 예리하게 변하는 것이었습니다.

목사님이 병든 자들을 위하여 기도할 때 주님께서 보여 주시는 것이 있었는데 병든 부위에 검은색 점이 있는 것이 보였습니다. 어떤 이는 폐에, 다리에, 가슴에, 다른 아픈 부위에 검은 색 점이 있었습니다. 양쪽에 날이 선 칼과 같은 말씀이 그 아픈 부위들로 날아가 꽂혔습니다. 그러자 그 부위가 불덩어리처럼 뜨거워지기 시작했습니다.

병 낫기를 기도하는 많은 이들이 공통적으로 말합니다.

"아픈 부위가 굉장히 뜨거워집니다."

주님이 병 낫는 장면을 보여 주셨습니다. 사람 속에 있는 질병 부위가 타기 시작했습니다. 병으로 물든 세포와 살들이 타서 없어졌습니다. 그리고 그 자리에 새 살과 세포가 형성되었습니다. 하나님을 찬양합니다.

병 나은 이들이 간증하는 것을 듣습니다.

"저는 그날 기적적으로 병이 나았습니다."

우리는 이 땅에 거하는 동안 부분적으로 보고 부분적으로 듣습니다. 그러나 그날이 되면 모든 것을 알 수 있을 것입니다. 하나님께 영광과 존귀와 찬양을 드립니다.

보좌로 가까이

요즘 시대에도 선지자의 역할이 중요합니다. 에베소서에서 이야기하는 5가지 직분에 대한 중요성을 또 한 번 느낍니다.

> 그가 어떤 사람은 사도로, 어떤 사람은 선지자로, 어떤 사람은 복음 전하는 자로, 어떤 사람은 목사와 교사로 삼으셨으니 이는 성도를 온전하게 하여 봉사의 일을 하게 하며 그리스도의 몸을 세우려 하심이라 (엡 4:11-12)

주님의 지체 안에는 5가지 직분이 있습니다. 성경에서는 우리가 강하고 담대하게 보좌 앞에 나아가도록 말합니다.

> 그러므로 우리는 긍휼하심을 받고 때를 따라 돕는 은혜를 얻기 위하여 은혜의 보좌 앞에 담대히 나아갈 것이니라 (히 4:16)

우리에게는 예수님의 피가 있다고 말합니다.

> 그러므로 형제들아 우리가 예수의 피를 힘입어 성소에 들어갈 담력을 얻었나니 (히 10:19)

왜냐하면 예수님의 피는 우리의 죄를 정결케 하기 때문에 은혜의 보좌로 담대하게 나아갈 수 있는 것입니다.

> 율법을 따라 거의 모든 물건이 피로써 정결하게 되나니 피흘림이 없은즉 사함이 없느니라 (히 9:22)

이것은 사실입니다. 믿으시기 바랍니다. 우리 영혼을 구속하신 것은 예수님의 보혈입니다. 그의 말씀과 보혈이 은혜 안에서 역사하십니다.

하나님의 도움

우리는 하나님의 도우심이 없이는 살 수 없는 존재들입니다. 우리 삶에 하나님의 도우심이 얼마나 귀하고 필요한지요! 우리 몸에 질병이 있을 때, 이혼을 하거나 가정에 문제가 있을 때, 자식이 집을 나가거나 곁길로 빠질 때, 사랑하는 이가 죽었을 때, 소득이 전혀 없고 살아갈 앞길이 캄캄할 때, 우리는 은혜의 보좌 앞으로 강하고 담대하게 나아가야 합니다. 그리고 기도하십시오.

"하나님 아버지, 저는 하나님의 도우심이 필요합니다."

성도들이 하나님께 도움을 요청하며 기도로 부르짖을 때 하나님의 말씀은 항상 그곳에 있었습니다. 천사는 하나님의 말씀을 손에 들고 있었습니다. 천사가 하나님의 말씀을 펴서 사탄의 머리 위로 내밀었습니다. 그러자 귀신의 형상이나 뱀의 형상으로 역사하는 사탄이 까물어칠 정도로 놀래며 혼비백산하여 소리를 지르고 도망가는 것이 보였습니다. 왜냐하면 천사는 검과 같은 하나님의 말씀을 사용하기 때문입니다. 세계 각국을 돌아 다니며 이러한 현상을 많이 목격했습니다.

예수님께서 사탄을 십자가 상에서 물리치셨습니다. 예수님으로 인하여 우리는 진정한 자유의 삶을 누릴 수 있게 되었습니다. 이제 은혜의 보좌 앞으로 강하고 담대하게 나아갑시다.

기름 부으심과 신유

하나님은 우리를 긍휼히 여기시며 은혜를 베푸십니다. 우리의 질병과 병을 고치시고 치료하시길 원하십니다. 여러분이 하나님의 말씀으로 위로 받길 원하십니다. 문제가 있으십니까? 은혜의 보좌 앞으로 강하고 담대하게 기도함으로 나아가십시오.

천사들은 우리를 돕는 영적 존재라고 성경에서 말하고 있습니다.

> 모든 천사들은 섬기는 영으로서 구원 받을 상속자들을 위하여 섬기라고 보내심이 아니냐 (히 1:14)

천사가 우리를 돕는 자들인 것을 믿습니다. 저는 이러한 현상들을 영적으로 본 적이 많이 있습니다. 우리가 주님께 도와달라고 부르짖을 때 하나님께서는 우리에게 천사들을 보내주십니다.

귀신들이 사람 몸에서 쫓겨 나갈 때 천사들이 쇠사슬로 묶어서 끌어내는 것을 보았습니다. 사람 몸 속에서 역사하는 귀신들은 검은 그림자나 악령의 모습으로 보일 때가 많았습니다. 예수 이름으로 귀신을 쫓아낼 때 천사들이 끌어냈습니다. 이것이 하나님의 약속의 말씀이요, 예수 이름의 능력인 것입니다.

예수 이름에는 권세와 권능과 약속이 있습니다. 우리의 기도가 응답되는 것도 예수 이름 때문입니다. 우리가 죄사함 받는 것도 예수 이름이요, 예배와 헌금과 찬양도 예수 이름으로 하나님께 상달됩니다. 귀신을 쫓아내는 것도 예수 이름으로, 마귀를 대적하는 것도 예수 이름으로 합니다. 병든 자를 위하여 기도하는 것도 예수 이름으로 합니다. 그 이름에 권능이 있습니다. 그 이름을 믿을 때 하나님께서 역사하십니다.

예수 이름을 부르세요!
그가 여러분을 구원하실 것입니다.
예수 이름을 부르세요!
죄사함 받고 병과 저주와 가난에서 놓일 것입니다.
결국에 영원한 천국으로 인도함 받을 것입니다.

말씀의 능력

말레이시아에서 있었던 일입니다. 그곳 사람들은 하나님의 말씀에 굶주리며 갈급해 하고 있었습니다. 이곳에 하나님의 놀라운 은혜의 역사가 일어날 것이라는 것을 알 수 있었습니다.

하나님의 은혜가 임할 때는 소낙비와 같이 임하는 것을 많이 봅니다. 하나님의 말씀이 선포되자 성령님께서 운행하시며 영혼들을 구하시는 것을 보았습니다. 영혼들이 의자에 앉아 있다가 쓰러지며 통회하며 자복하기 시작했습니다. 주님을 영접했습니다. 주의 능력을 체험하며 병에서, 마귀의 사슬에서, 귀신들림에서 놓임 받기 시작했습니다. 하나님의 임재하심과 하늘나라의 기쁨으로 충만했습니다.

가문 땅에 단비가 쏟아지듯 말씀에 굶주린 영혼들이 은혜의 단비에 만족해 했습니다. 그들은 주님을 영접하고 진심으로 거듭나길 원했습니다. 말씀의 능력이 역사하고 계셨습니다.

하나님이 싫어하시는 일들

다음의 성경 말씀을 같이 상고해 봅시다.

> 이스라엘 진 앞에 가던 하나님의 사자가 그들의 뒤로 옮겨 가매 구름 기둥도 앞에서 그 뒤로 옮겨 애굽 진과 이스라엘 진 사이에 이르러 서니 저쪽에는 구름과 흑암이 있고 이쪽에는 밤이 밝으므

로 밤새도록 저쪽이 이쪽에 가까이 못하였더라 (출 14:19-20)

하나님의 자녀들이여, 하나님의 능력을 알고 싶지 않으십니까? 하나님은 어제나 오늘이나 영원토록 동일하십니다. 2000년 전에 행하신 하나님의 능력과 역사는 오늘도 믿는 자를 통하여 동일하게 이루어지고 있습니다. 하나님의 능력을 제한하지 마십시오. 하나님께서 베풀고자 하시는 역사를 외면하지 마십시오.

지금 우리가 사는 이 땅에는 심령술과 갖가지 마술과 요술, 점치는 일들이 판을 치고 있으며 굶주린 영혼들 속에 들어가고 있습니다. 사람들도 인생에 대한 조언이나 충고를 이런 곳에서 찾으려고 합니다. 하나님은 죽은 하나님이 아니요, 살아 계신 분입니다. 여러분이 마술, 요술, 점성술, 무당과 같은 것을 찾아가는 것을 원치 않으십니다.

너희는 신접한 자와 박수를 믿지 말며 그들을 추종하여 스스로 더럽히지 말라 나는 너희 하나님 여호와이니라 (레 19:31)

도움을 구하려 무당이나 점쟁이한테 가는 것을 하나님은 싫어 하십니다. 하나님께 기도로써 도움을 구하십시오. 하나님께서 우리를 도우시려고 천사들을 보내주실 것입니다. 천사는 구원 받을 상속자들을 도우라고 보내심을 받은 존재들이라고 기록하고 있습니다.

> 그가 너를 위하여 그의 천사들을 명령하사 네 모든 길에서 너를 지키게 하심이라 (시 91:11)

> 그들의 모든 환난에 동참하사 자기 앞의 사자로 하여금 그들을 구원하시며 그의 사랑과 그의 자비로 그들을 구원하시고 옛적 모든 날에 그들을 드시며 안으셨으나 (사 63:9)

> 느부갓네살이 말하여 이르되 사드락과 메삭과 아벳느고의 하나님을 찬송할지로다 그가 그의 천사를 보내사 자기를 의뢰하고 그들의 몸을 바쳐 왕의 명령을 거역하고 그 하나님 밖에는 다른 신을 섬기지 아니하며 그에게 절하지 아니한 종들을 구원하셨도다 (단 3:28)

한 무리의 천사들

내가 지옥을 가는 동안에 우리 집에서 일어났던 영적인 일입니다. 하나님께서 영안을 열어 주시어 집 위을 쳐다 보니 하늘이 성경 말씀으로 기록되어져 있었습니다. 그리고 집 주위를 수많은 천사들이 지키고 있는 것이 보였습니다.

천사들은 네 그룹으로 나뉘어 우리 집을 지키고 있었습니다. 첫째 그룹은 서로 이야기를 나누며 앉아 있었고, 둘째 그룹은 사방을 바라보며 경계를 서는 것 같았으며, 셋째 그룹은 날개들을 서로 세우고 집 사방을 둘러싸고 있었습니다. 마지막 넷째 그룹은 몸이 가장 컸으며 허리에는 큰 검을 차고 있었습니다. 어둠의 그림자가 포복하며 우리 집으로 기어 들어올 때 이 천사들이 어둠의 그림자를 물리치며 우리 집을 지키고 있었습니다.

기억하십시오! 하나님의 말씀은 성령의 검입니다(엡 6:17). 말씀이 선포될 때 말씀이 불로 변하여 타는 듯이 적진에게로 돌진하는 것을 본 적이 있습니다. 적들이 불에 타서 결국에는 재로 변하고 말았습니다.

> 또 너희가 악인을 밟을 것이니 그들이 내가 정한 날에 너희 발바닥 밑에 재와 같으리라 만군의 여호와의 말이니라 (말 4:3)

하나님의 말씀이 참으로 살아서 운동력이 있는 모습으로 내 눈 앞에 보일 때 나는 너무나 놀랐습니다. 하나님께서 그의 말씀을 보내실 때 천사들을 베드로에게 보내어 그를 감방에서 나오게 하셨습니다.

> 홀연히 주의 사자가 나타나매 옥중에 광채가 빛나며 또 베드로의

옆구리를 쳐 깨워 이르되 급히 일어나라 하니 쇠사슬이 그 손에서 벗어지더라 천사가 이르되 띠를 띠고 신을 신으라 하거늘 베드로가 그대로 하니 천사가 또 이르되 겉옷을 입고 따라오라 한대 베드로가 나와서 따라갈새 천사가 하는 것이 생시인 줄 알지 못하고 환상을 보는가 하니라 이에 첫째와 둘째 파수를 지나 시내로 통한 쇠문에 이르니 문이 저절로 열리는지라 나와서 한 거리를 지나매 천사가 곧 떠나더라 이에 베드로가 정신이 들어 이르되 내가 이제야 참으로 주께서 그의 천사를 보내어 나를 헤롯의 손과 유대 백성의 모든 기대에서 벗어나게 하신 줄 알겠노라 하여

(행 12:7-11)

천사들과 말씀

성경을 살펴보면 사람 앞에 나타나 활동한 천사들의 모습들을 여러 군데에서 볼 수 있습니다.

이 일을 생각할 때에 주의 사자가 현몽하여 이르되 다윗의 자손 요셉아 네 아내 마리아 데려오기를 무서워하지 말라 그에게 잉태된 자는 성령으로 된 것이라 (마 1:20)

그 때에 여호와께서 발람의 눈을 밝히시매 여호와의 사자가 손에

칼을 빼들고 길에 선 것을 그가 보고 머리를 숙이고 엎드리니

(민 22:31)

야곱이 길을 가는데 하나님의 사자들이 그를 만난지라 (창 32:1)

흰 옷 입은 두 천사가 예수의 시체 뉘었던 곳에 하나는 머리 편에, 하나는 발 편에 앉았더라 (요 20:12)

주의 사자가 빌립에게 말하여 이르되 일어나서 남쪽으로 향하여 예루살렘에서 가사로 내려가는 길까지 가라 하니 그 길은 광야라

(행 8:26)

내가 속한 바 곧 내가 섬기는 하나님의 사자가 어제 밤에 내 곁에 서서 말하되 (행 27:23)

하나님께서 우리 주변에 보호막을 많이 설치해 놓으셨습니다. 우리가 하나님의 말씀 안에 온전히 거할 때 우리의 모든 필요를 채워주십니다. 하나님의 도움을 받기 위해서 은혜의 보좌 앞으로 강하고 담대하게 나아가야 합니다. 은혜의 보좌에 가서 우리는 예수님의 이름으로 도움을 구해야 합니다.

여러분과 내가 하나님께 도움의 손길을 내밀면 그분은 언

제든지 우리에게 도움을 주시고 또 주십니다. 그분의 말씀 안에 거하며 순종하고 그분을 섬기는 일에 게으르지 않는 한 그분은 언제나 우리를 도우시는 좋으신 하나님이십니다.

12 새로운 세계

지옥을 갔다온 후 수일 동안 나는 심하게 아팠습니다. 밤에 잠을 잘 때에도 불을 끄고 잘 수가 없었습니다. 항상 내 옆에 성경책을 가지고 다녀야 했으며 계속해서 성경을 읽고 또 읽었습니다.

지옥에 갔다온 후로 지옥의 무서움에 사로잡혀 있었습니다. 그러나 성경 말씀을 읽을 때는 불안하던 마음이 잔잔해졌습니다. 특히 예수님께서 바람과 풍랑을 꾸짖으시며, "잠잠하라! 고요하라(막 4:39)!" 명하신 말씀은 나를 평안케 했습니다. 무서워 떨고 있을 때 주님은 나와 함께 하셨고 나를 홀로 두지 않으셨습니다.

때로는 주님이 나와 함께 하시지 않는 것 같아 두려움으로 떨기도 하였습니다. 다시 지옥으로 갈까봐 두려워했습니다. 혹시나 주님이 오셔서 다시 지옥으로 가자고 하실까봐 불안한 적이 한두 번이 아니었습니다.

내가 지옥에 갔다온 일과 그곳에서 보았던 일들을 사람들에게 이야기하면 잘 들으려고 하지 않았습니다. 그럴 때마다 내 마음은 답답하여 외치곤 했습니다.

"제발, 철저히 회개하시고 예수 믿으시고 구원을 받으시기 바랍니다. 지옥은 진짜로 있습니다. 여러분이 죽으면 직면하게 될 사실입니다."

지옥에 갔다온 후에 내 몸은 아팠습니다. 그러나 주님은 치료자이십니다. 내 몸을 서서히 치료하시며 결국에는 온전케 하시는 하나님이셨습니다.

평화의 파라다이스

주님이 다시 내 앞에 나타나셔서 나를 데리고 하늘로 올라가시며 말씀하셨습니다.

"이제 너에게 하나님의 선하심과 사랑을 보여 주고 천국의 일부분을 보여 주겠노라. 주 하나님의 놀라운 일들을 네가 보기 원하노라. 천국은 너무 아름다운 곳이란다"

천국을 주님과 같이 가는 길에 천사들을 만났습니다. 그들은 외쳤습니다.

"주 하나님의 선하심과 인자하심을 보라. 그의 자비는 영원하시도다. 하나님의 권능과 능력과 위대하심을 보라."

외치더니 계속 말을 시작합니다.

"하나님께서 어린이들을 위한 장소를 만드셨습니다. 이리 와서 보시기 바랍니다."

우리는 어렴풋이 보이는 큰 행성이 있는 곳으로 안내되었습니다. 지구만큼 큰 행성이었습니다.

> 또 내가 새 하늘과 새 땅을 보니 처음 하늘과 처음 땅이 없어졌고 바다도 다시 있지 않더라 또 내가 보매 거룩한 성 새 예루살렘이 하나님께로부터 하늘에서 내려오니 그 준비한 것이 신부가 남편을 위하여 단장한 것 같더라 (계 21:1-2)

하나님 아버지께서 하시는 말씀이 들려왔습니다.

"아버지와 아들과 성령은 하나이니라. 아버지와 아들이 하나요, 아버지와 성령이 하나이니라. 나는 이 세상을 구하기 위해 내 아들을 십자가에 내놓았느니라.

지금 어린이들을 위하여 내가 지은 곳을 보여 주겠노라. 나는 어린이들을 아끼고 사랑하노라. 엄마 배 속에서 나오기도 전에 죽은 아이들, 유산되거나 사고로 죽은 아기들이 이곳에서 자라고 있느니라. 아기가 태 중에서 잉태되는 순간 영혼이 생기느니라. 배 속의 아기가 죽으면 천사들이 내려가서 죽은 영혼들을 천국으로 데리고 오느니라. 지상에서 버림받은 그들은 이곳에서 환영을 받으며 온전한 육체를 가진 존재로 창조되느니라. 부족한 육체는 이곳에서 온전하게 회복되느니라."

이 행성에서 느낀 것은 모든 영혼들이 사랑을 받고 있었으며 모두 온전한 육체를 가지고 있다는 점입니다. 모든 것이 완벽하게 느껴졌습니다. 수정처럼 빛나는 수영장과 주위의 잔디밭에는 대리석으로 된 의자들과 윤기가 나는 벤치들이 있었습니다. 어디를 둘러보아도 천진난만하게 놀고 있는 어린이들로 가득차 있었습니다.

어린이들은 모두 하얀색 세마포와 신발을 신고 있었으며 세마포 옷은 빛나는 밝은 빛을 띠고 있었습니다. 천사들은 어린이들을 돌보고 있었으며 어린이들의 모든 이름은 생명책에 기록되어 있었습니다. 어린이들은 천사 학교에 입학이 되어 하나님의 말씀을 배우고 음악도 배우며 시간을 보내고 있었습니다. 각종 동물들이 어린이들 옆에서 같이 놀고 있었습니다.

천국에는 눈물과 슬픔, 근심과 고통이 없습니다. 모든 것이 최고로 아름답습니다. 즐거움과 행복으로만 충만할 뿐입니다.

다시 지상으로

다시 지구로 돌아왔습니다. 대환란이 끝나고 천년왕국이 된 지구의 모습을 주님은 보여 주셨습니다.

지구에는 예루살렘성이 있었습니다. 그곳의 주인은 주님이셨으며 전세계에서 주님을 경배하고자 새 예루살렘성으로 모여들었습니다. 주님은 만왕의 왕이시며 만유의 주셨습니다. 주님이 말씀하셨습니다.

"내가 곧 다시 오겠노라.

주 안에서 죽은 자들을 먼저 부르고 그 다음에 남은 자들을 공중으로 불러 올리겠노라. 지상에서는 적그리스도가 나타나겠으며 지구는 전에도 없었고 앞으로도 없을 대환란을 겪게 될 것이니라. 환란이 끝나면 성도들을 데리고 이 땅으로 다시 내려오겠노라. 그리고 예루살렘부터 시작하여 전 세계로 천년 동안 내가 다스리겠노라. 사탄은 무저갱에 갇히게 될 것이며 천년이 찰 무렵 다시 잠깐 동안 놓임을 받을 것이니라. 천년이 차면 사탄은 심판을 받아 불구덩이 속으로 완전히 들어갈 것이며 옛 땅은 없어지고 새 하늘과 새 땅이 내려오겠노라. 그리고 내가 영원토록 다스리겠노라."

13 그리스도의 재림

주님께서 재림하시는 이상을 보여 주셨습니다. 나팔소리와 천사장의 호령소리를 들었습니다. 주님이 구름을 타고 오셨습니다(살전 4:16).

전 지구는 흔들렸으며 죽은 자들이 공중에서 주님을 뵙기 위하여 먼저 올라갔습니다. 그 다음에 이 땅에 남아 열심히 믿는 자들이 공중으로 들려 올라갔습니다(계 20:13).

> 우리가 예수께서 죽으셨다가 다시 살아나심을 믿을진대 이와 같이 예수 안에서 자는 자들도 하나님이 그와 함께 데리고 오시리라 우리가 주의 말씀으로 너희에게 이것을 말하노니 주께서 강림하실 때까지 우리 살아 남아 있는 자도 자는 자보다 결코 앞서지 못

하리라 주께서 호령과 천사장의 소리와 하나님의 나팔 소리로 친히 하늘로부터 강림하시리니 그리스도 안에서 죽은 자들이 먼저 일어나고 그 후에 우리 살아 남은 자들도 그들과 함께 구름 속으로 끌어 올려 공중에서 주를 영접하게 하시리니 그리하여 우리가 항상 주와 함께 있으리라 (살전 4:14-17)

수백만의 영혼들이 한 점의 빛처럼 주님이 계신 곳을 향해 모여 들었습니다. 천사들이 하얀 세마포 옷으로 성도들을 입혀주었습니다. 천사들은 들림 받은 성도들을 특별히 섬겼습니다. 들림 받은 영혼들은 새 육체를 입게 됩니다. 이 땅에 있는 영혼들이 휴거 받아 하늘로 올라 갈 때에 거룩한 새 육체를 입게 됩니다. 기쁨과 행복이 넘쳤습니다. 천사들은 쉬지 않고 찬양하였습니다.

"왕중의 왕이신 예수님께 영광을 돌립니다!"

그리스도의 지체

환상으로 하늘에 높게 있는 큰 지체를 보았습니다.

그 지체는 뒤로 누워져 있고, 지구에 모든 피가 떨어지는 그러한 몸이었습니다. 나는 그 지체가 주님의 몸이라는 것을 알았습니다. 주님의 몸이 점점 커지더니 위로 위로 자라갔습니다. 예수님의 몸은 사람들로 구성되어 있었는데 믿는 사람들이 많아 질수록 예수님의 몸은 점점 커졌으며 그 높이가 하늘나라에 닿을 것처럼 보였습니다.

> 새 노래를 불러 이르되 두루마리를 가지시고 그 인봉을 떼기에 합당하시도다 일찍이 죽임을 당하사 각 족속과 방언과 백성과 나라 가운데에서 사람들을 피로 사서 하나님께 드리시고 그들로 우리 하나님 앞에서 나라와 제사장들을 삼으셨으니 그들이 땅에서 왕 노릇 하리로다 하더라 (계 5:9-10)

수백만의 사람들이 보좌 앞에 모였습니다. 천사들이 각 사람의 기록이 담긴 책들을 보좌 앞으로 가져왔습니다. 이 보좌는 은혜의 보좌인 '시은좌'라고 하였습니다. 많은 사람들에게 상이 주어졌습니다.

지구를 바라보니 시꺼먼 구름들이 지구 표면을 덮어가고 있었습니다. 귀신들로 우글거리며 감방에 갇혀 있었던 귀신들이 지구를 덮으며 휩쓸고 지나갔습니다. 그리고 큰 소리가 났습니다.

> 그러므로 하늘과 그 가운데에 거하는 자들은 즐거워하라 그러나 땅과 바다는 화 있을진저 이는 마귀가 자기의 때가 얼마 남지 않

은 줄을 알므로 크게 분내어 너희에게 내려갔음이라 하더라

(계 12:12)

하나님의 진노

나는 짐승처럼 생긴 천사들이 독을 뿜으며 지구로 접근해 가는 것을 보았습니다.

지옥은 솟아 오르는 불덩어리였습니다. 무저갱에서 나온 악령의 세력들이 지구를 시커멓게 물들여 갔습니다. 남자와 여자들이 무서워 소리를 지르며 언덕으로 동굴로 산속으로 도망을 치기 시작했습니다. 지구상에 전쟁이 발생했으며 기근과 죽음이 번져갔습니다.

하늘에서 불병거와 불마차들이 나타났습니다. 지구가 흔들리기 시작했습니다.

> 내가 보니 여섯째 인을 떼실 때에 큰 지진이 나며 해가 검은 털로
> 짠 상복 같이 검어지고 달은 온통 피 같이 되며 (계 6:12)

천사가 선언합니다.

"지구여 들으라! 왕이 오신다!"

드디어 왕중의 왕이요, 주중의 주가 되시는 주님이 하늘

에 나타나셨습니다. 영광 중에 임하신 주님은 흰 옷을 입은 성도들과 함께 하고 계셨습니다. 주님이 지상에 재림하신 것입니다. 재림에는 공중재림(휴거)과 지상재림(대환란 후에 지상에 내려오심)이 있습니다.

> 볼지어다 그가 구름을 타고 오시리라 각 사람의 눈이 그를 보겠고 그를 찌른 자들도 볼 것이요 땅에 있는 모든 족속이 그로 말미암아 애곡하리니 그러하리라 아멘 (계 1:7)

> 기록되었으되 주께서 이르시되 내가 살았노니 모든 무릎이 내게 꿇을 것이요 모든 혀가 하나님께 자백하리라 하였느니라
> (롬 14:11)

천사들이 낫을 들더니 익은 곡식을 수확하기 시작했습니다. 세상의 마지막 때가 된 것입니다.

> 또 내가 보니 흰 구름이 있고 구름 위에 인자와 같은 이가 앉으셨는데 그 머리에는 금 면류관이 있고 그 손에는 예리한 낫을 가졌더라 또 다른 천사가 성전으로부터 나와 구름 위에 앉은 이를 향하여 큰 음성으로 외쳐 이르되 당신의 낫을 휘둘러 거두소서 땅의 곡식이 다 익어 거둘 때가 이르렀음이니이다 하니 구름 위에 앉으신 이가 낫을 땅에 휘두르매 땅의 곡식이 거두어지니라 또 다른

천사가 하늘에 있는 성전에서 나오는데 역시 예리한 낫을 가졌더라 또 불을 다스리는 다른 천사가 제단으로부터 나와 예리한 낫 가진 자를 향하여 큰 음성으로 불러 이르되 네 예리한 낫을 휘둘러 땅의 포도송이를 거두라 그 포도가 익었느니라 하더라 천사가 낫을 땅에 휘둘러 땅의 포도를 거두어 하나님의 진노의 큰 포도주 틀에 던지매 (계 14:14-19)

나는 우리가 서로 사랑해야겠다고 생각했습니다. 더욱 진리안에 굳게 서며 우리의 자녀들이 빛 가운데로 걸어갈 수 있도록 인도해야겠다는 생각이 들었습니다.

왕 되신 우리 주님은 반드시 오십니다.

14
주님의 마지막 요청: 준비하라!

예수님께서 내게 말씀하셨습니다.

"회개하고 구원을 받으라. 하나님의 나라가 가까웠느니라. 나의 말은 일점 일획이라도 변함없이 이루어져 가느니라. 주님의 길을 준비하라."

> 네가 이 세대에서 부한 자들을 명하여 마음을 높이지 말고 정함이
> 없는 재물에 소망을 두지 말고 오직 우리에게 모든 것을 후히 주
> 사 누리게 하시는 하나님께 두며 (딤전 6:17)

"또, 성령님과 함께 걸으라고 말하라. 그리하면 육신의 정

욕대로 살지 않을 것이라(갈 5:16)."

> 스스로 속이지 말라 하나님은 업신여김을 받지 아니하시나니 사람이 무엇으로 심든지 그대로 거두리라 자기의 육체를 위하여 심는 자는 육체로부터 썩어질 것을 거두고 성령을 위하여 심는 자는 성령으로부터 영생을 거두리라 (갈 6:7-8)

> 육체의 일은 분명하니 곧 음행과 더러운 것과 호색과 우상 숭배와 주술과 원수 맺는 것과 분쟁과 시기와 분냄과 당 짓는 것과 분열함과 이단과 투기와 술 취함과 방탕함과 또 그와 같은 것들이라 전에 너희에게 경계한 것 같이 경계하노니 이런 일을 하는 자들은 하나님의 나라를 유업으로 받지 못할 것이요 오직 성령의 열매는 사랑과 희락과 화평과 오래 참음과 자비와 양선과 충성과 온유와 절제니 이같은 것을 금지할 법이 없느니라 그리스도 예수의 사람들은 육체와 함께 그 정욕과 탐심을 십자가에 못 박았느니라
> (갈 5:19-24)

주님께서 계속 말씀하셨습니다.

"하나님의 말씀이 다 성취될 때, 지구의 끝이 올 것이니라. 하나님의 아들이 언제 오는지 그날과 그시는 아무도 모르느니라. 천사도 모르고 아들도 모르고 오직 하늘에 계신 아버지만 아시느니라. 그러나 결코 지체하지 아니하리라. 어

린아이와 같이 되지 아니하면 결단코 천국에 이를 수 없느니라. 내게로 오라. 내게로 와서 회개하고 죄사함을 받으라.

'주 예수님, 제 마음 속에 오시어서 저의 죄를 용서하소서! 저는 죄인입니다. 저의 죄를 회개합니다. 예수님의 보혈로써 저를 깨끗하게 씻어 주소서! 저는 하늘 앞에 죄를 지었습니다. 저는 당신 앞에 설 수 없는 감히 하나님의 자녀라 할 수 없는 죄인입니다. 저는 당신을 나의 구세주로 영접합니다' 라고 고백하는 자들을 구원할 것이니라. 너희에게 나의 종들을 보내노라. 그들이 너희를 안내하고 인도할 것이니라.

나는 너희의 목자며 너희는 나의 백성들이니라. 나는 너희 하나님이 되느니라. 하나님의 말씀을 읽도록 하여라. 모이기를 폐하는 무리와 같이 되지 말라. 너희의 전체를 내게 맡기라. 내가 인도하고 관리하겠노라. 결코 너희를 떠나거나 결코 버리지 않을 것이니라."

하나님을 만날 준비를 하라

사랑하는 성도 여러분, 하나님께서 제게 일러 주신 것들을 여러분과 같이 나눴습니다. 이제 하나님께서 우리를 얼마나 사랑하시는지를 알았습니다. 하나님께서는 우리에게 말씀을 보내주심으로 환상과 계시를 우리에게 공개하심으로 우리에 대한 관심과 사랑을 나타내십시오.

사랑하는 성도 여러분! 주님을 만날 준비를 하십시오. 항상 주님의 오심을 준비하며 기다려야 합니다. 여러분과 저는 물론 지금이 어떤 때인지를 잘 알고 있습니다. 세상이 너무 타락했으며 죄악이 만연하고 유혹으로 가득차 있습니다. 육체의 정욕과 안목의 정욕과 이생의 자랑, 보암직하고 먹음직하고 탐스러운것들로 가득차 있습니다. 주님이 계셔야 할 자리에 세상의 욕심과 우상으로 가득차 있습니다. 모두 육체로 돌아가고 있습니다.

영력과 영감이 사라져가고 주님의 오심을 외치는 소리도 줄어들고 있습니다. 영분별이 흐려져서 무엇이 주님의 뜻인지 무엇이 주님이 원하시는 것인지를 잊었습니다. 모든 힘과 정성과 뜻을 다하여 주님의 오심을 준비합시다.

> 그런즉 깨어 있으라 너희는 그 날과 그 때를 알지 못하느니라
>
> (마 25:13)

어리석은 다섯 처녀와 같이 되지 마십시오. 모두 깨어 있어야 합니다. 저는 이 책을 통하여 하늘 나라의 영광에 대하여 말씀드렸습니다. 우리 모두 예수 그리스도를 구주로 영접하고 주의 뜻대로 살다가 그 나라에서 만납시다. 제가 드

리는 말씀을 마음 문을 여시고 진심으로 받으시길 부탁드립니다.

하늘 나라에는 우리에 대한 기록을 적은 책들이 있다고 말씀드렸습니다. 우리가 주를 위하여 하는 모든 일들은 하늘 나라에서 상으로 보상해 주십니다. 우리가 상상할 수 없는 상으로 갚아 주십니다.

우리 곁에는 천사들이 있습니다. 그들은 우리의 모든 일상사를 기록하고 있습니다. 주님 일을 해야하기 때문에 우리는 가정을, 사랑하는 이를 잠시 떠날 수도 있습니다. 그러나 주님은 이를 기억하시고 상으로 갚아주십니다.

때로는 세상에서 핍박을 받고 자존심이 짓밟히며 모욕을 당할 수도 있습니다. 그 자리에도 주님은 함께 하시어서 여러분을 위로하시며 하늘의 상과 영광으로 갚아주실 것입니다. 우리의 목에 칼이 들어온다 할지라도 주님을 증거해야 하며, 우리가 죽는다 할지라도 주의 나라는 확장되야 합니다.

우리는 그리스도의 영적 군사들입니다. 전쟁터에서는 앞으로만 전진해야 합니다. 뒤로 물러가면 하나님이 기뻐하지 않으십니다. 군사로 부르심을 받은 우리들은 개인의 일에 매이지 않습니다. 오직 복음에 매이고 하나님의 말씀에, 성령님께 사로잡혀야 합니다. 그때 성령님께서 당신 원하시는 대로 우리를 마음껏 쓰실 수가 있습니다.

우리의 자존심과 아집은 죽어야 합니다. 우리는 그분의

손에 올려져야 합니다. 그분이 "가라" 하시면 가고, "오라" 하시면 오고, "하라" 하시면 하고, "하지 말라" 하시면 하지 말아야 합니다. 이것이 우리의 믿음이요, 주님이 기뻐하시는 삶입니다.

　우리 신앙의 목표가 무엇입니까? 바로 하나님을 기쁘시게 하는 것, 그것이 우리 신앙의 목표가 되어야 합니다. 우리가 드리는 예배도 하나님을 기쁘게 해드리지 않으면 아무 소용이 없습니다. 우리가 드리는 헌금, 봉사, 전도, 사랑도 오직 하나님만 보시도록, 하나님만 기쁘시게 해드리기 위해 몸부림쳐야 합니다. 다른 사람을 의식하고 사람에게 보이기 위해 하는 행위는 외식이요, 신앙의 열매가 없습니다. 주님이 기뻐하지 않으십니다. 우리가 모든 것을 믿음으로 할 때 하나님은 기뻐하십니다.

　서로 사랑합시다. 주님이 우리를 십자가에서 죽기까지 사랑하셨으니 우리도 서로 사랑합시다. 주님께서는 주님을 파는 자가 앞에 있음에도 불구하고 그의 발을 씻기시며 수건으로 닦으시고 끝까지 사랑하셨습니다.

　여러분에게 부와 명예와 풍요가 없다고, 항상 어려움과 궁핍함과 고난이 많다고 불평하지 마십시오. 밤이 깊어지면 새벽이 가까워 지듯이 참고 인내와 믿음으로 주 예수 안에서 이겨가시면 반드시 밝은 날이 오게 될 것입니다. 좋으신 하나님, 풍부하시고 축복하기를 주저하지 않으시는 하나님을 믿으십시오. 날마다 자기 십자가를 지고 부활의 푯대를 향하여 전진합시다.

준비하십시오. 그날이 얼마 남지 않았습니다. 주 예수를 구주로 영접하십시오. 그리하면 구원을 받게 될 것입니다.

> 하나님이 세상을 이처럼 사랑하사 독생자를 주셨으니 이는 그를 믿는 자마다 멸망하지 않고 영생을 얻게 하려 하심이라 (요 3:16)

> 네가 만일 네 입으로 예수를 주로 시인하며 또 하나님께서 그를 죽은 자 가운데서 살리신 것을 네 마음에 믿으면 구원을 받으리라 사람이 마음으로 믿어 의에 이르고 입으로 시인하여 구원에 이르느니라 성경에 이르되 누구든지 그를 믿는 자는 부끄러움을 당하지 아니하리라 하니 유대인이나 헬라인이나 차별이 없음이라 한 분이신 주께서 모든 사람의 주가 되사 그를 부르는 모든 사람에게 부요하시도다 누구든지 주의 이름을 부르는 자는 구원을 받으리라 (롬 10:9-13)

저를 따라서 기도하십시오.

하나님 아버지, 예수 그리스도의 이름으로 아버지께 나아갑니다. 저의 이 모습 이대로, 죄인 된 모습 이대로 아버지께 나아갑니다.

저는 죄인입니다. 저의 죄를 용서하시고 예수님의 보혈로써 깨끗하게 씻어주세요. 예수님을 저의 구세주로 영접합니다. 저의 영혼을 구해 주세요. 살아계신 하나님의 성령으로 거듭나게 해 주세요.

주 예수님, 저의 삶을 당신께 드립니다. 당신이 하나님의 아들이시며 우리를 지옥에서 구원하시기 위해 이 땅에 오신 구세주요. 그리스도이심을 믿습니다. 저를 대속하신 당신의 사랑에 감사드리며 찬양하나이다. 감사드리며 예수님의 이름으로 기도하나이다. 아멘!

이 기도를 지금 저와 같이 하셨다면, 진심으로 마음으로 믿으신다면 당신은 구원을 받을 것입니다. 예수님이 당신 속에 들어오시기를 진심으로 간구했다면 그분은 지금 당신 안에 계십니다. 그분께 이제 기도로 고백하고 찬양을 시작해 보세요. 놀라운 일들이 생길 것입니다.

할렐루야! 이 모든 영광을 살아 계셔서 만물을 주장하시는 하나님께 돌립니다.

| 저자에 대하여 |

메어리 캐더린 백스터 여사는 미국, 테네시주, 채터누가에서 태어났습니다. 그녀는 믿음의 가정에서 자랐으며 어머니가 신앙의 정신적인 기둥이 되어 주셨습니다.

19세 때 거듭난 후 그녀는 수 년동안 주님을 신실하게 섬기며 신앙생활을 잘 해 나갔습니다. 그러나 얼마 후에 시험에 들어 믿음에서 떠났을 때 성령님께서 다시 그녀를 믿음의 길로 인도하셨습니다. 주 안에서 새로워진 후 주님을 섬기며 열심히 믿음생활을 다시 해 나갔습니다.

1960년대 중반 캐더린은 가족과 함께 미시간주에 있는 디트로이트시로 이사를 하여 얼마 동안 살다가 다시 같은 주에 있는 벨빌이라는 곳으로 이사를 가게 되어 그곳에서 주님과의 깊은 교제를 가지며 하나님이 주시는 이상을 보게 됩니다.

주변에 계신 많은 목사님들과 사역자 분들은 그녀를 좋아했으며 그녀의 사역을 도왔습니다. 그녀가 집회를 인도할 때마다 성령의 역사가 많이 나타났습니다. 성령의 은사들이 많이 드러나기 시작했습니다. 그녀 사역의 모든 목표는 영혼을 구원하는 사역에 있음을 강조합니다.

캐더린 여사는 빌 백스터와 결혼한지 28년이 되었으며 4

명의 자녀와 6명의 손주들을 두고 있습니다. 그녀 가족이 그녀의 사역에 큰 힘이 되고 있습니다.

캐더린 여사는 진심으로 헌신되어진 주님의 여종입니다. 특별히 하나님은 그녀의 환상과 꿈과 계시를 통하여 많은 사람들에게 은혜를 전해주고 있습니다. 1983년에 미시간주에 있는 테일러시에서 하나님의 성회 순복음 교단에서 목사안수를 받았습니다. 지금은 워싱턴 D.C에 있는 하나님의 성회 내셔널 교회(The National Church of God)에서 사역하고 있습니다.

1976년, 그녀가 벨빌시에 살 때 예수님을 직접 뵙게 되었고 여러 번 꿈과 환상과 계시를 받게 됩니다. 그 후로도 주님은 여러 차례 그녀 앞에 나타나셨으며 지옥(30일 동안)과 천국(10일 동안)을 보여 주시며 이를 세상에 알리라고 말씀하셨습니다. 40일 동안 주님은 그녀에게 나타나셔서 천국과 지옥을 보여 주시며 이를 세상에 알리라는 사명을 그녀에게 주신 것입니다. 이 책도 그러한 주님의 명령에 순종하여 펴낸 캐더린 목사님의 작품입니다.

| 역자 후기 |

　이 책을 번역할 수 있는 기회를 주신 하나님께 존귀와 영광과 찬양을 드립니다. 메어리 캐더린 백스터 여사는 하나님의 섭리와 은혜에 의하여 지옥과 천국을 보고 와서 세상 사람들에게 이를 알리기 위해 그녀의 간증들을 책으로 만들어 미국과 캐나다에서 내 놓았습니다.
　「정말 지옥은 있습니다」와 「정말 천국은 있습니다」 두 권의 책은 나오자 많은 사람들에게 읽혀졌으며 믿지 않는 영혼들을 그리스도께로 인도하고 그리스도 안에서 믿음이 연약하고 신앙에 확신이 없는 자들에게 은혜와 도전을 일으키며 쓰임 받고 있습니다.
　우리의 신앙 생활은 추상적이 아닌 구체적이고 실제적입니다. 교리 공부, 사상 공부가 아니요, 성경에 나와 있는 하나님의 말씀을 믿음이라는 신앙의 창구를 통하여 우리의 삶 속에서 체험하는 것입니다.
　하나님의 모든 말씀은 살았고 운동력이 있어 우리의 영과 혼과 관절과 골수까지라도 쪼개는 능력이 있습니다(히 4:12). 하나님의 말씀을 믿음으로 받을 때 불 같이, 방망이 같이(렘 23:29), 칼과 같이(엡 6:17) 태우고 부수고 찌르는 위력이 있습니다. 말씀을 믿는 자에게는 말씀의 성취가 나타남니다. 믿음으로 받을 때 우리의 삶이 변화되고 나약한 인생이 강하게 되며 세상에 영향력을 끼칠 수 있는 강한 그리스도의 군사로 변화될 수가 있습니다.

  이 책을 읽으시는 분마다 주님에 대한 신뢰, 말씀에 대한 확고한 믿음, 체험있는 신앙을 가져 그리스도의 나라를 확장하는데 모두 쓰임 받는 그리스도의 일꾼들이 되시기를 바랍니다.

  정말 천국은 있습니다. 믿는 이들이 가서 서로 만나게 될 아버지 나라, 천국을 많은 이들에게 증거합시다. 이 책을 읽으시는 분마다 복음에 목숨걸고 한 영혼에 생명 거는 귀한 그리스도의 제자들이 되시기를 바랍니다.

  끝으로 이 책이 출판되는데 도움을 주신 은혜출판사 장사경 사장님과 직원 여러분들께 그리고 교정으로 수고해 준 사랑하는 아내에게 감사의 마음을 전합니다.

김 유 진

캐나다, 토론토에서

ekim21c@hotmail.com

http://i.am/torontochristian

정말 천국은 있습니다!

발행일	2000년 10월 01일
11쇄	2009년 06월 10일
수정6쇄	2022년 03월 29일
지은이	메어리 K. 백스터
옮긴이	김유진
펴낸이	장사경
해외마케팅 국장	장미야
편집디자인	최복희
펴낸곳	Grace 은혜출판사 (Grace Publisher)

주소 서울 종로구 숭인 2동 178-94
전화 (02) 744-4029 팩스 744-6578
출판등록 제 1-618호.(1988. 1. 7)

Ⓒ 2016 Grace Publisher, Printed in Korea
ISBN 89-7917-348-2   03230

이 출판물은 저작권법에 의해 보호를 받는 저작물이므로 무단 전재와 무단 복제를 할 수 없습니다.